NOTRE

ANCIENNE PICARDIE

A. BOUT

Notre Ancienne Picardie

Contribution au Folk lore régional :
Traditions, Légendes, Traits et Curiosités.

> « Les chansons, les récits, les contes rustiques peignent en peu de mots ce que notre littérature ne sait qu'amplifier et déguiser. »
>
> G. SAND.
> (FRANÇOIS LE CHAMPI)

PARIS

E. FIGUIÈRE ET Cⁱᵉ, Editeurs

7, Rue Corneille, 7

—

1911

—

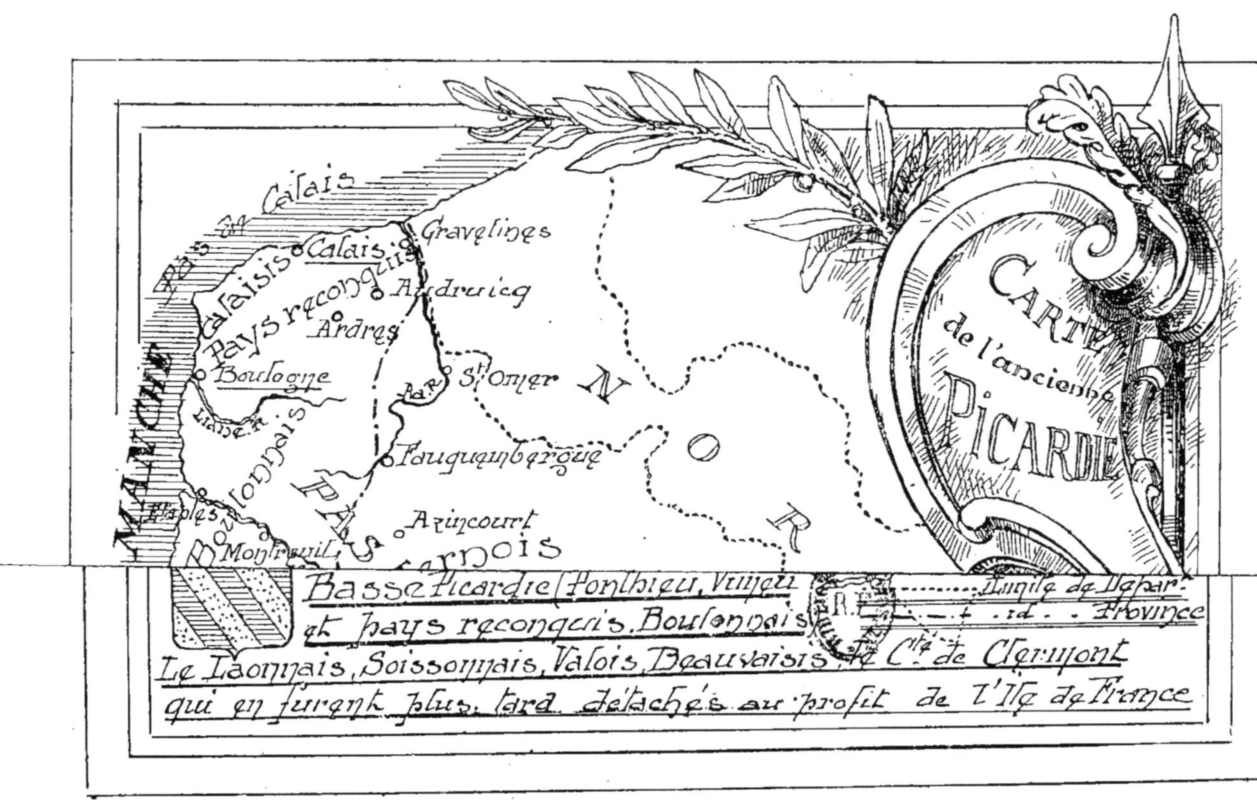
MANCHE
Calais
Pays de Calais
Calaisis
Gravelines
Pays reconquis
Ardrevieq
Ardres
Boulogne
par St Omer
Boulonnais
Fauquembergue
Étaples
Arincourt
Montreuil
PAYS Ternois
N O R D
CARTE
de l'ancienne
PICARDIE

Basse Picardie (Ponthieu, Vimeu
et pays reconquis, Boulonnais,
Le Laonnais, Soissonnais, Valois, Beauvaisis, le Cté de Clermont
qui en furent plus tard détachés au profit de l'Ile de France
------- Limite de départ
-·-·-·- id Province

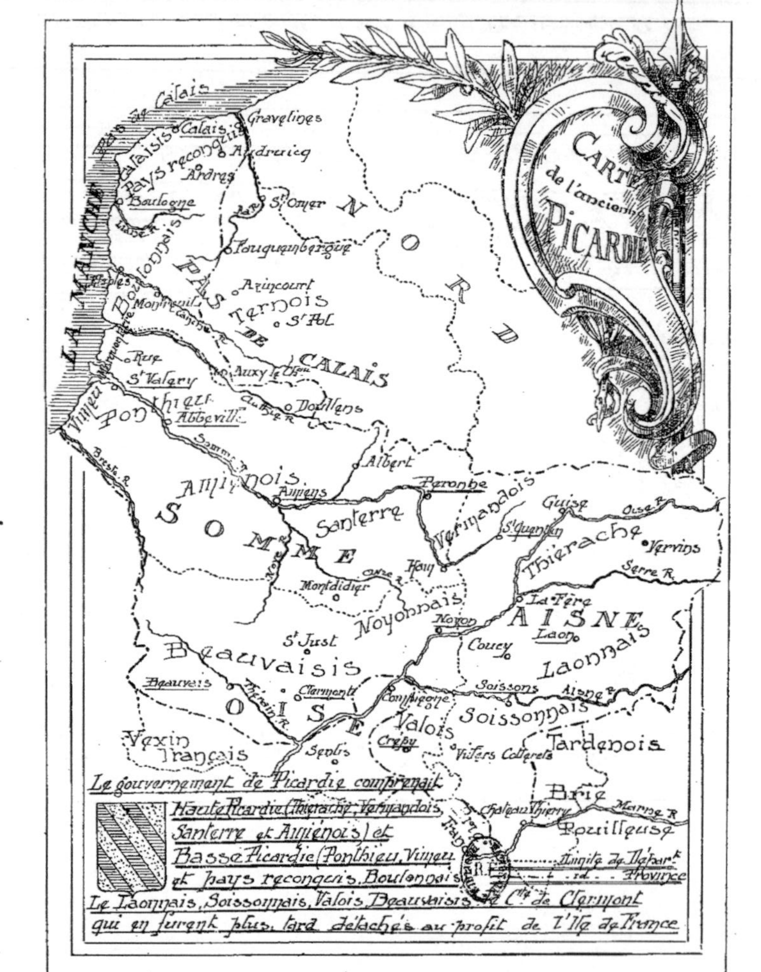

Publié par la Société des Francs-Picards de Paris.

NOTRE ANCIENNE PICARDIE

Avant-Propos

Un des principaux mérites de la décentralisation sera d'avoir ramené au pays natal les esprits que l'attirance de la Ville-Lumière et l'avidité de la lutte moderne en avait détachés et de faire revivre les originalités de terroir qui menaçaient de sombrer dans une monotone uniformité, susceptible, en outre, de faire oublier les origines.

A l'heure actuelle, chaque coin du sol présente un petit groupe de pionniers, enfants qui, désillés, lui resteront ou lui sont définitivement revenus, et s'efforcent d'exhumer toutes les curiosités que ce champ particulier renferme. La terre de France est ainsi morcelée, afin qu'en travaillant sur un endroit plus restreint on en exprime plus étroitement les richesses. De curieuses découvertes ont commencé à jaillir de ces labeurs. Nous avons assisté à la reconstitution de choses depuis longtemps tombées en désuétude et qui n'en ont pas moins gardé tout leur charme. Non seulement la curiosité en est satisfaite,

mais l'histoire y a gagné des éclaircissements notables
et les régions ont reconquis leur caractère distinctif
qui marque si profondément la race.

. . . .

(Extrait d'un mémoire présenté au Congrès des Traditions populaires
d'Abbeville en 1901).

*
* *

Parmi toutes les mines provinciales maintenant
explorées, celle des *traditions populaires* n'est pas la
moins intéressante ni la moins féconde.

Grâce à l'initiative de quelques esprits clairvoyants,
MM. Sébillot, Blémont, de Beaurepaire, Froment,
Ledieu, Millien, etc., qui ont compris quel intérêt elle
présentait, non seulement pour l'évocation exacte du
passé, mais encore pour conserver la physionomie
particulière et charmante de chacune de nos provinces
et rénover en quelque sorte l'art, aux sources poétiques
de la légende régionale, la science du *traditionnisme*
commence à s'imposer à l'attention générale.

Elle est d'ailleurs du domaine public, puisque
chacun de nous, même le plus illettré, surtout bien
souvent le plus illettré, en possède, fût-ce à son insu,
quelques bribes.

Car c'est principalement dans nos campagnes,
parmi les *enracinés* les plus rebelles aux envahissements
de la science moderne, que cette science d'antan s'est
reléguée. C'est pour suppléer chez ces ignorants à
l'absence d'un enseignement *écrit* que cet enseignement
oral s'est créé, s'est transmis de génération en génération, à l'instar d'un patrimoine ancestral. Patrimoine
d'observations et d'expérience, certes, qui tel qu'il
nous parvient, c'est à dire forcément dégénéré et

amoindri, n'en ajoute pas moins un appoint considérable à nos connaissances actuelles et se révèleà nous comme l'image attachante d'une époque disparue.

Mais justement par ce que cet héritage a été fractionné, que chaque famille n'en a transmis qu'une parcelle afférente à ses aptitudes, son travail, ses conditions de vie, il est difficile aujourd'hui d'en réaliser la reconstitution intégrale.

Ce résultat ne peut être obtenu qu'à la longue et chaque chercheur ne parvient qu'à apporter humblement, pierre à pierre, sa *contribution* à l'œuvre commune.

*
* *

C'est ce que j'ai tenté de faire dans ce modeste recueil sur les particularités de notre vieille Province. Il n'a pas la prétention de les grouper toutes. Beaucoup d'ailleurs ont été recueillies auparavant et par de plus compétents. D'autres sont vraiment trop connues et trop peu spéciales à la Picardie pour qu'il soit utile de les répéter encore.

Je n'ai voulu enregistrer ici que les trouvailles les plus caractéristiques de ma récolte personnelle.

Toutefois j'ajouterai, à l'excuse de son infériorité, que le champ du folk lore picard est moins vaste et moins fertile que celui d'autres régions, notamment de la Bretagne, ce pays où les ramifications de la légende sont aussi drues que les brins d'or de ses genêts.

Attribuant jusqu'ici la pauvreté du rendement à l'insuffisance des fouilles, **M. Paul Sébillot**, pour stimuler l'activité des traditionnistes et les guider, a publié dans une Revue régionale, des notes judicieuses dont je me permets de transcrire ce substanciel extrait :

— 4 —

« La côte picarde présente la plupart des circonstances maritimes qui donnent lieu ailleurs à des
explications légendaires ou à des traditions. L'embouchure de la Somme, qui a subi des variations considérables doit avoir amené la disparition de villes
légendaires et il me paraît vraiment que là, comme
partout ailleurs, on a dû attribuer leur ruine à des
actes d'impiété ou au manque d'hospitalité de leurs
habitants à l'égard de divinités voyageant sur terre.
La couleur des falaises a pu aussi prêter à la formation
de légendes : en Haute Bretagne, des rochers autrefois
devinrent rouges lorsqu'un saint, pour attester sa
puissance y a jeté une goutte de son sang. Dans la
Frise, on dit que les falaises de la côte d'Angleterre
sont devenues blanches depuis le jour où le vaisseau
légendaire Mannigfual les frôla de son bord que le
capitaine avait fait enduire d'une couche de savon
blanc. Les cavernes que la mer creuse dans les parties
les plus friables des rochers ont dû servir de résidence
à des êtres surnaturels, fées, lutins, dragons ou diables
et parfois les empreintes de leurs pas se voient sur les
rochers du rivage. Dans plusieurs pays, les trous
circulaires qu'on remarque sur les rochers et qui sont,
à marée basse, remplis d'eau, sont les bains de fée
ou les marmites des géants Les monticules ronds des
dunes doivent leurs formes à des fées condamnées, en
raison d'un méfait, à passer au crible le sable du
rivage Les plantes particulières qu'on y remarque
ont été produites. comme la scabieuse des dunes de
Bretagne par les larmes d'une fée ou d'une simple
mortelle. Les falaises et les rivages sont hantés par des
êtres surnaturels ou par des noyés qui s'y montrent
et font entendre des lamentations. Il en est qui sont
condamnés à accomplir des pénitences posthumes
pour avoir volé le poisson d'autrui, ou avoir allumé
des feux destinés à perdre les navires.

La mer elle-même est l'objet de légendes. Il s'y
montre des sirènes qui résident sous les flots ; les

marins qu'elles y ont attirés peuvent y vivre à côté d'elles. Les raies blanches à la surface de l'eau sont la trace des chemins parcourus par des divinités qui y marchaient sans se mouiller les pieds...

Des bateaux noirs conduits par le Diable ou par des sorcières marchent au rebours du vent. D'autres arrivent à l'embouchure des rivières ou dans les criques désertes pour embarquer les morts et leur faire passer l'eau jusqu'à une île mystérieuse.

Il y a des bancs de sable dangereux et hantés auxquels il faut faire une offrande pour apaiser les mauvais génies qui y résident.

L'eau de la mer est l'objet d'une sorte de respect quasi-cultuel. En Bretagne, c'est un péché d'y faire des ordures ou même d'y cracher. Dans le Roussillon, il y a une trentaine d'années, pour être préservés de maladies, des gens y prenaient un bain le jour de la Saint-Jean. A Noirmoutier, le soleil faisait ce jour-là trois petits sauts au moment où il emergeait au-dessus de l'eau et les marins ne manquaient pas de faire, à ce moment, un signe de croix. »

PAUL SÉBILLOT

(Notes pour servir à la récolte des Traditions populaires).

Malgré ces lumineuses indications, le résultat, il faut bien l'avouer, n'a pas répondu à l'attente et la carte du Folk lore picard, à laquelle j'ai sérieusement pensé, resterait, je le crains bien à demi muette, ce qui me décourage jusqu'à présent de la tenter.

L'histoire du bon Saint-Valery ne relate que la disparition d'un moulin et d'une rivière comme punition d'un manque d'hospitalité à son égard.

Les falaises de Mers et d'Ault, qui sont l'unique point rocheux de la côte, ne paraissent point avoir changé de teinte sous quelque intervention surnaturelle.

La trace des fées, d'ailleurs fugitive comme l'empreinte de leurs pas, se retrouve seulement à la Fontaine des Dames au cap Hornu de St-Valery ou au bois des *Bacchantes Sœurettes à Pinchefalise lès Boismont* et le *droit de lagan*, enregistré par les chroniques du temps, prouve malheureusement que les détrousseurs de naufrages en Baie de Somme appartiennent plutôt au domaine de l'histoire qu'à celui de la Fable.

Néanmoins j'ai utilisé ces vagues souvenirs dans mes *Légendes* en suppléant à leur imprécision par les ressources de l'imagination, ce dont on ne saurait, je l'espère, tenir rigueur à un poète.

Les superstitions cultuelles ou autres sont restées chez nous plus vivaces, surtout dans la grande famille de nos marins, et leurs coutumes, croyances ou dictons sur la mer et les eaux, le temps, le pain, le poisson de St-Pierre ou le courlis, que j'ai mis au nombre de mes *traditions* ne laissent pas d'être pittoresques.

Enfin quelques *traits* piquants des mœurs de nos ascendants les plus proches, mis en relief par des anecdotes, m'ont paru devoir accentuer cette esquisse partielle de *Notre ancienne Picardie*.

A. B.

La question des Patois

— · · · · Outre je t'adverti de ne faire conscience de remettre en usage les antiques vocables et principalement ceux du langage wallon et *Picard*, lequel nous reste par tant de siècles l'exemple naïf de la langue française, j'entends de celle qui eut cours après que la latine n'eut plus d'usage en notre Gaule, et choisir les mots les plus pregnants et les plus significatifs, non, seulement dudit langage, mais de toutes les provinces de France pour servir à la poésie lorsque tu en auras besoin. Malheureux est le debteur lequel n'a qu'une espèce de monnaie pour payer son créancier. Outre plus si les vieux mots abolis par l'usage ont laissé quelque rejetton, comme les branches des arbres couppez se rajeunissent de nouveaux drageons, tu le pourras provigner, amender et cultiver, afin qu'il se repeuple de nouveau : Exemple de lobbe qui est vieux mot français, qui signifie moquerie et raillerie. Tu pourras faire sur ce nom le verbe lobber qui signifiera moquer et gaudir et mille autres de telle façon.

· · · · · · · · · · · · · ·

Je te conseille d'user indifféremment de tous dialectes comme j'ay desja dit : car chaque jardin a sa particulière fleur et toutes nations ont affaire les unes des autres, comme en nos hâvres et ports la marchandise bien loin cherchée en l'Amérique se débite partout. Toutes provinces, tant soient-elles maigres, servant aux plus fertiles de quelque chose, comme les plus faibles membres, les plus petits de l'homme, servent aux plus nobles du corps..............................

Car c'est un crime de lèze-majesté d'abandonner le langage de son pays, vivant et florissant.

RONSARD.

Parmi les questions que le régionalisme a remises à l'ordre du jour, celle des dialectes ou patois est une des plus importantes, surtout si l'on fait appel à la linguistique pour la délimitation des petites comme des grandes Patries.

Aussi le 2e Congrès des Poètes (Lille 1902) en avait-il fait le sujet d'une Enquête, reprise et publiée ensuite par la Revue Picarde et Normande, à laquelle les intéressés voudront bien se reporter pour l'ensemble. Je me bornerai à reproduire ici l'opinion que j'ai cru pouvoir exprimer en réponse aux trois interrogations ci-dessous :

a. — Que pensez-vous de la question du patois ?
b. — Convient-il de le propager ou de l'enrayer ?
c. — Doit on l'enseigner dans les écoles ?

Il ne s'agit point, dans mon intention, de prendre à la lettre l'enseignement du patois dans les écoles, sa propagation et son rôle dans la décentralisation, encore que je veuille y ramener ma conclusion.

Toutes ces choses, je l'admets, peuvent sembler outrées à un parisien très puriste, quelque soit leur intérêt pour nous autres, picards, et, en général, pour tous les provinciaux. Mais que ce même parisien —

et il n'est pas ici une exception, mais un exemple pris dans le nombre — sous prétexte de beau langage, condamne sans jugement toutes les expressions qui n'ont point *cours légal* à Paris, voilà ce que je ne puis admettre sans protestation ardente.

La capitale est, je le veux bien, le siège de toutes les Universités et par ce fait revendique le droit de donner le ton aux conversations comme à la mode. Encore faudrait-il ne pas pousser la prétention jusqu'à nous chicaner à faux ou pour rien, il y a derrière Paris tout le reste de la France, quantité, qui, je pense, n'est pas négligeable et qui, si elle est restée effacée en ces derniers siècles, est en train de se ressaisir et n'entends plus se laisser aussi facilement mener.

Elle a, du reste, des titres à faire valoir : notre picard, par exemple, qui fut fut l'idiome vivant du XIVe siècle, comme l'a si bien démontré M. Edouard David [1] n'a-t-il pas, par cela même, droit de présence au vocabulaire du XXe, sinon intégralement, au moins sous la forme de quelques expressions un peu désuètes, sans doute, mais d'autant plus justes et indispensables qu'elles n'ont pas d'équivalents dans le français académique, ce qui justifierait suffisamment de leur raison d'être, si le sens qu'on leur a conservé dans notre province n'était en outre absolument conforme à leur étymologie ?

Quelques simples citations viendront bien à l'appui de ma thèse.

Vivant en Picardie, et ayant par conséquent, et

---

[1]. Discours de réception à l'Académie d'Amiens.

malgré des études très classiques, l'esprit saturé des expressions, des tournures de phrases du pays, j'employai un jour, négligeamment, devant des parisiens, le qualificatif « banal » se rapportant à un logement libre, ouvert au premier venu, tandis que mes interlocuteurs n'en admettaient l'emploi que dans le sens de « vulgaire », de « déjà vu », D'où discussion ou le recul à la première signification du terme constituait, à mon sens, un argument décisif. Le « four banal » au moyen âge, n'était-il pas le four commun offert à tout venant ?

Je n'insisterai point sur la particularité de dire : « telle personne *reste* à tel endroit » pour *habite* en cet endroit, et quantité d'expressions analogues familières aux provinciaux les plus instruits, mais qui « ne sont employées à Paris que par les concierges » (sic) auxquels, par conséquent, les premiers n'ont que la ressource d'être assimilés... Cette manière d'ergoter me paraît tout à fait dénuée d'intérêt.

Je trouve seulement déplorable qu'un petit nombre de dissidents étouffe toutes les originalités de terroir et restreigne le développement normal de la langue française en empêchant les emprunts aux dialectes régionaux, sous le fallacieux prétexte d'un usage que Paris n'a pas sanctionné, alors qu'il va chercher ses néologismes dans l'anglais, dans l'argot ou dans la fantaisie des écrivains décadents !

Que chaque région, réagissant contre cet ostracisme, impose son petit nombre de vocables logiques et ce sera encore une façon pour nos patois ou plutôt pour nos dialectes d'être *utiles au réveil des énergies provinciales, de se faire enseigner dans les écoles et de subsister partiellement* et sans préjudice de notre belle langue française, mais en lui apportant au contraire une utile et remarquable contribution.

TRADITIONS POPULAIRES [1]

Religion et Croyances

ÉPHÉMÉRIDES RELIGIEUSES

Les Œufs du *Vendredi Saint*.

Les œufs pondus le Vendredi Saint donnent, dit-on, naissance à des poulets changeant trois fois de plumage par an.

(Communication de M. M. Touron).

Pâques

Les fêtes de Pâques se nomment en Picardie :

Pâques fleuries : Pâques à bos (à bois, les rameaux).
Pâques   : Pâques à z'os (à œufs).
Pâques closes   : Pâques derrière sein dos (c. à d.
                  Quasimodo.

La Madeleine (22 Juillet)

Les vieilles gens essayent toujours de détourner les jeunes d'entreprendre des excursions au moment de la Madeleine (22 juillet et jours suivants), cette

---

[1]. La classification qui a été adoptée ici pour les traditions est autant que possible celle de la Revue des Traditions populaires. Voir N° de Décembre 1904, p. 368.

époque, d'après leur croyance, ne se passant jamais sans qu'il arrive d'accidents, parce que cette Sainte fut une grande pleureuse.

St-Thomas (21 X^bre)

On chante le jour de cette fête à propos de la proximité de Noël :

> Saint-Thomas
> Lav' tes bras
> Cuit ton pain
> Lav' tes mains
> Tu n'auras pas sitôt fait ça,
> Que le jour de Noël arriv'ra.

Noël.

Les enfants qui courent les rues en chantant « l'au Guignel » (corruption d'au Gui, Noël !) y intercalent ce refrain :

> A Noël ! à Noël ! quand Dieu fut né
> Quand St-Etienne fut martrisé (sic)
> A coups de pierre, à coups de pavé,
> A Noël ! à Noël ! quand Dieu fut né !

LANGAGE DE CLOCHES

Certaines cloches ont des inflexions de voix dont on peut saisir la signification. C'est ainsi que les gens du pays ont depuis longtemps compris le langage de celle de l'Eglise d'Eu (à la limite de la Picardie) qui répète à chaque enterrement :

> Corps mort, va-t-en,
> La terre t'attend.

sur l'air de la sonnerie funèbre.

LES ESPRITS FORTS A LA CAMPAGNE

Parodie des chants d'Eglise

Dominus vobiscum...
Si j'preinds un cailleu j't'assomme.
Et cum spiritu tuo...
Si j'ein preinds deux j'te tue lo.

. . .

Dixit. . . . . . . c'est les vêpres.
Confiteor . . . . . ça l'est encore.
Beatus vir qui. . . y s'est enfui.
Laudate. . . . . on l'a rattrapé.
In exitu. . . . . on l'a battu.
Magnificat. . . . on l'a mis dans un sac.

* *

Gloria Patri
No mère al o pétri
Al o pétri un quiot gatieu,
A m'ein donnero un quiot morcieu.

* *

Au nom du Père...
Et d' la mère
Et d' l'enfant...
Tout c' que j' trouve je l' mets là dedans. (la bouche)

* *

Stabat Mater...
Ein viux greind père
I' n'avoét pus qu'eine deint
I' mordoét tous chés geins
S'i n' n'avoét ieu deux
' L'auroét mordu chés leups

* *

Alleluia ! pour les tailleurs
Tous les marchands sont des voleurs
Un jour viendra, on les pendra
        Alleluia !

* *

C'est Judas Iscariote
Qui a vendu sa femme pour une botte de carottes...
Il l'a racheté-ée...
Pour un navet.

INVOCATION EN MANGEANT LE PAIN BÉNIT

Pain bénit je te prends
En l'honneur du St Sacrement
Si je meurs sans confession
Tu me serviras de communion.

On croit que le pain bénit et les roses bénites de la Fête Dieu se conservent indéfiniment en se séchant mais sans s'altérer.

DÉPART DES PÊCHEURS DE St-VALERY-SUR-SOMME [1]

Un calvaire dont la croix est surmontée d'un fanal et accompagnée d'une petite Chapelle à la Vierge, domine la ville et se distingue de toute la Baie. Les pêcheurs en partance le saluent généralement encore avec respect.

LE FIL DE St-BLAISE

Autrefois Cayeux fêtait frénétiquement la St-Blaise. A la messe qu'on dit le matin des fêtes villageoises

____

(1) A comparer avec le départ des pêcheurs flamands. Revue des Traditions populaires. N° Juin   p. 319.

pour les trépassés — avant d'aller les oublier dans un bal bruyant — on bénissait des écheveaux de soie. Ces écheveaux étaient ensuite offerts aux amis et portés au poignet comme préservatifs de la rage. Ce talisman avait une renommée régionale qu'on peut rapprocher de celle des *toucheurs* de Nibas [1].

PÉLERINAGE

Il existe en Picardie une église dédiée à St-Sulpice où les jardiniers vont faire annuellement un pélerinage dit de St-Suplie (par altération). Après la messe, le prêtre dit pour chaque pélerin un évangile. On danse et on se restaure ensuite sur l'herbe.

La tradition veut qu'on n'ait jamais pu fermer les portes de cette Eglise quelque mal qu'on s'y soit donné.

MATHUSALEM

Ce patriarche, remarquable par la longévité qu'on lui attribue, est resté très populaire dans la tradition.

> Tu r'sembles à Mathiu Salé (sic)
> Tu vivros jusqu'à t' dernière journée...

disent les Picards.

Il est très curieux de constater que son souvenir avec une déformation analogue de nom se retrouve en Nivernais où mon distingué confrère Achille Millien a recueilli l'intéressante légende ci-dessous du « Cuvier de Mathusalem » :

.... A l'époque de *Mathieusalé* les hommes n'ignoraient pas le nombre d'années qu'ils devaient passer

---

(1) Voir : Les toucheurs contre la rage à Nibas par M. Touron, mémoire présenté au Congrès des Traditions populaires d'Abbeville en 1901.

sur la terre. Lui, Mathieusalé savait qu'il devait vivre 900 ans. Il se dit : « pour si peu, il est inutile de bâtir une maison ». Et il se contentait du toit de verdure des grands arbres. Mais le bon Dieu, pour l'obliger à s'édifier un abri fit tomber une pluie battante. Mathieusalé construisit un vaste cuvier et s'y réfugia, le tournant du côté d'où le vent amenait la pluie. Dieu fit souffler les quatre vents à la fois, Mathieusalé renversa son cuvier à bouchetons et ne souffrit plus de la pluie. Alors Dieu voyant que la connaissance qu'il avait donnée aux hommes ne favorisait que leur paresse et leur apathie, cessa, dès ce moment de leur révéler la durée du temps qu'ils avaient à vivre.

ACHILLE MILLIEN.

(Petites Légendes du Nivernais).

VIEILLE PRIÈRE PICARDE

Le jour du Grand Vendredi Saint, quand Dieu fut mis en croix, sa douce mère cria à haute voix :

— « Qu'avez-vous, ma mère, qu'avez-vous à pleurer » lui dit Jésus.

— Mon fils, je vous ai porté neuf mois de mon côté et de mon ventre, je suis mère dolente de vous voir entre deux larrons pend (pendu).

— « Ma mère, si je n'avais pas été pendu, tout le monde aurait été perdu. »

Ceux qui diront cette oraison le matin quand ils se lèveront, le soir quand ils se coucheront, jamais le Paradis ne perdront :

Sainte-Marie, mère de mon sauveur, Jésus-Christ a été conçu sans la tâche du péché originel, priez Dieu pour ma conversion, partagez-moi toutes mes actions,

2

ayez soin de mon salut, faites que je ne meure point de mort subite sans recevoir les divins Sacrements.

Jésus-Christ, fiez ça de mon esprit,

Jésus-Christ, fiez ça de ma bouche,

Jésus-Christ, fiez ça de mon cœur.

Vive Jésus (ter) roi des cœurs, règne dans tous les cœurs.

— St-Jean n'avez-vous pas vu Jésus ?

— « Si fait, dame, je l'ai vu, ses deux pieds cloués, ses deux bras étendus, une couronne d'épines sur la tête »

Sainte-Catherine a dit : « le cœur d'une Vierge est si petit qu'il ne peut y entrer que Jésus-Christ. »

Jésus-Christ est bon. C'est mon amant, c'est mon époux. Je l'ai servi et le servirai jusqu'à la fin de mes jours.

Ainsi soit-il.

*
* *

Les enfants qui mangent deux œufs au même repas *avant leur Première Communion* sont menacés de voir *le feu prendre à leur chemise.*

*
* *

Quand une jeune fille siffle, on dit qu'elle fait pleurer la Sainte Vierge.

*
* *

LE SOLEIL DU SAMEDI

Une tradition, accréditée un peu partout, veut que le samedi ne s'en aille pas sans soleil. Les Picards donnent de ce fait une très curieuse explication. Ils disent que le soleil luit parce que la Ste-Vierge en a besoin pour sécher la chemise que le petit Jésus doit mettre le Dimanche.

L'ANGE BOUFFAEL

Les enfants picards ont certainement entendu parler de l'ange Bouffaël dont on leur donne l'histoire en leçon contre leur gourmandise. L'ange Bouffaël avait été chargé par la Vierge de soigner la panade qui cuisait pour le petit Jésus. Malheureusement, l'ange cédant à la tentation, goûta la précieuse soupe, et Dieu permit qu'il restât, en punition, avec les joues gonflées comme quelqu'un qui mange. Depuis, les anges, ses frères, lui ont donné le surnom de Bouffaël (bouffi) nom qu'on applique volontiers aux personnes affligées de fluxion

Le corps humain. La faune

LA LANGUE

On n'en use qu'un millimètre tous les cent ans. C'est pourquoi on peut être bavard !

LES INSECTES

Sur l'origine de la vermine.— On raconte en Picardie qu'un jour une vieille femme souhaitait d'être riche pour n'avoir plus à travailler. Sur ces entrefaites, elle fit un héritage N'ayant plus rien à faire, elle s'ennuya à mourir et pria le bon Dieu de lui envoyer des *piotés bêtes* pour la distraire. Le bon Dieu, pour lui donner une leçon lui envoya des poux, des puces et des punaises qui, depuis ce temps incommodent les paresseux.

***

Dans les campagnes, quand un enfant attrape de la vermine, on se garde bien de la lui détruire, car les poux, dit-on, c'est la *santé*.

On montre en Picardie d'anciens plats d'étain que l'on appelle « plats à poux » sur lesquels soi-disant on peignait les enfants et même les grandes personnes pour recueillir la vermine dont on juge par là de l'abondance.

Aujourd'hui, beaucoup d'amateurs d'antiquités [1], séduits peut-être aussi par la majoration du prix de l'étain, recherchent ces plats, sans se douter de leur attribution primitive ! Et il est permis de sourire en supposant qu'ils y servent à l'occasion leurs meilleurs mets !

***

Aucune ménagère picarde ne voudrait détruire les petits papillons argentés qui voltigent, les soirs d'été, dans les demeures, car on les appelle des « anges » et on croit à cause de cela, qu'ils sont sacrés. Or ce sont simplement les *teignes*, transformation des vers qui rongent à qui mieux mieux les habits.

---

(1) Des truqueurs malins ramassent dans les campagnes ces plats communs à bords moulurés et de forme Louis XV qu'on trouve encore assez facilement malgré la rafle qu'en font les étameurs pour les mettre à la fonte. On grave sur le marli un sujet décoratif ou un beau blason et on les écoule dans le commerce. Les plats étant « de l'époque », il est bien difficile de reconnaître le maquillage...

Paul EUDEL.
(Trucs et Truqueurs, p. 542).

LE CHAT

Le chat noir est l'objet d'une crainte supertitieuse ; c'est dit-on l'incarnation de l'âme du diable.

* *

Pour habituer un chat à un nouveau domicile, on lui trempe les pattes dans le lait, et on le frotte contre la suie de la cheminée. On est sûr après cela qu'il ne cherche plus à déserter.

FORMULETTES ADRESSÉES AUX BÊTES

Aux coccinelles ou *bêtes à bon Dieu*, les enfants chantent :

> Glinette des champs
> Il est minuit
> Envol' Madelon
> Envolé....

Ils disent aux colimaçons :

> Calimichon borgne
> Montre moi tes cornes.
> Si tu n'veux pas me les montrer
> J'irai dire a chu boucher
> Qu'i' te les cope....

Aux hannetons qu'ils veulent capter :

> Hourlon, hourlon pèque mein ramon
> Manier, manier, pêque mein balai.

Le manier, meunier en picard, est un hanneton qui a le dos comme un peu poudré.

Pour les faire voler avec un fil à la patte :

> Hann'ton vole,
> Vole, vole, vole,
> Ton mari est à l'école
> Il a dit si tu ne voles
> Il te coupera les cornes
> Avec un couteau d' St-Georges.

LE CHANT DES OISEAUX

Lorsque les loriots pillent les cerisiers avec des cris de joie, les enfants assurent qu'ils répètent :

> I' rougiront... y rougiront
> I' sont rèques : (rèches, âcres).

C'est pour cette raison qu'on appelle vulgairement ces oiseaux des *rougirons*.

*
* *

Un petit oiseau — sans doute le passereau — annonce la pluie. Il dit : pleut, pleut. D'où son surnom de *pleut-pleut*.

*
* *

On dit que l'alouette en montant vers le ciel répète dans son gai tirelire :

> Fils de Dieu, fils de Dieu.

Coutumes, Formulettes et Superstitions

COUTUME ÉPULAIRE

Une curieuse croyance qui se rattache à la liste très longue des superstitions sur les repas, refusait à quiconque vidait son verre après avoir mangé la soupe le privilège de voir clair (?) après la mort. Voici comment on la formulait :

> Celui qui boit après la soupe
> Quand il est mort il n'y voit goutte. [1]

---

[1] Proverbe cité par Rabelais dans Pantagruel d'après Jehan de la Chesnaye.

LE FOND DU VERRE

Les paysans picards auxquels on offre à boire ont l'habitude de ne pas absorber entièrement le contenu du verre. Ils y laissent au fond quelques gouttes qu'ils renversent ensuite sur le sol de l'appartement, croyant ainsi accomplir une politesse vis à vis de leur hôte. Ne serait-ce pas une forme, modifiée par le temps, des libations que les romains faisaient aux dieux Lares, en répandant quelques gouttes du vin qu'ils allaient boire sur la pierre de leur foyer ?

CE QUI CAUSE LA RUINE

On dit en Picardie :

Bos vert	Bois vert
Pain ter,	Pain tendre,
Sope à l'ognon	Soupe a l'oignon
Roène moéson	Ruine maison

Le bois vert brûlant mal, il en faut beaucoup pour chauffer, le pain tendre et la soupe à l'oignon étant très estimés, on en mange trop, de sorte que tout cela conduit à la ruine.

LE BAISER des PAYSANS

Les paysans picards ne s'embrassent pas « lèvres contre joue » à l'exemple de tout le monde. Ils s'embrassent « joue contre joue » par un simple contact.

FORMULETTE DE SERMENT

« Croix d' bois, croix d' fer, si j'mens j'irai en enfer ».

FORMULE DU PARESSEUX

D. — Paresseux, veux-tu de l' soupe ?
R. — Oui, mein père.

D. — Vo queur et' n'écuelle.

R, — Ah ! ben non, mein père ej' n'ein veux pus.

L'HOMME AU SABLE

En Picardie le « jeteur de sable » de la légende qui passe le soir pour forcer à fermer les yeux est personnifié par une vieille femme, munie d'un sac de cendres qu'on appelle « Grand mère à pourette » ou à poussière, et dont on fait un amusant portrait aux enfants.

VIEILLE MAXIME PICARDE

Bieuté seins boineté
Ch'est eine leumière seins clerté.

LA DEMANDE IMPORTUNE

A la campagne, quand une personne sollicite plusieurs fois la même chose avec une insistance obsédante, on finit par la lui accorder brusquement en disant :

Tiens, creuch' l' a t' n eureuille.
(Tiens, accroche-le à ton oreille).

FORMULETTE DE L'HEURE DE MIDI

Quand Midi sonne, les enfants chantent :

V'la *midi* qui sonne
V'la Marie qui grogne
V'la *midi* sonné
V'la Marie noyée.

LES JOURS DE LA SEMAINE

— Bonjour *lundi*.
— Tu vas bien *mardi* ?
— Très bien, *mercredi*.
— Va-t-en dire à *jeudi*

Que j' l'attends *vendredi*
Dans la sall' du *samedi*
Pour déjeuner *dimanche*.

*
* *

C'est demain *dimanche*
La fête à ma tante
Ell' balai' sa chambre
Ell' trouve une orange
Elle la pèle, elle la mange,
Oh ! la petite gourmande

LES MOIS

Février, Févriot
Si tu gèles mi, n' gèle point mes p'tiots...
supplique adressée à ce mois rigoureux par le moineau
qui pond de très bonne heure et dont la couvée est en
butte aux atteintes de la mauvaise saison.

. . .

Mars i' l' tue
Et pis Avril i' l'écorche.

Les bouleversements de la température en Mars
donnent le coup de grâce à de nombreux souffrants.
Mais beaucoup n'expirent cependant qu'en Avril et
ainsi ce mois est encore à redouter.

LA MOISSON

Avril à z'épis
Mai à blé
Juin à grains
Juillet : faucille au poignet
Août : raf' tout.

LES NOMBRES

LA CUEILLETTE

Un, deux, trois
Pour aller au bois,
Quatre, cinq, six,
Y cueillir des c'rises,
Sept, huit, neuf,
Dans un panier neuf,
Dix, onze, douze
Elles seront tout' rouges.

LA FESSÉE

Un, deux, trois
La culotte en bas,
Quat', cinq, six
Lever la chemise,
Sept, huit, neuf,
Fouetté comme un bœuf
Dix, onze, douze,
Il devient tout rouge...

MAIGRE FEU

Quand il ne reste dans la cheminée que quelques tisons éloignés entre eux, on dit qu'il y en a un qui dit à l'autre :

Si t'avances ej' te brûle.

LE DIABLE DANS LA CASSEROLE

Quand l'ébullition soulève avec bruit le couvercle on dit que le *diable est dans la casserole.*

SUR L'ARGENT

En raison de la facilité avec laquelle l'argent se dépense on a accrédité ce dicton :

Qu'etche qu'a fait z'écus ?
I's a fait si ronds

Qu'i's ont passé par dessus nos moèsons
Si' s avoet fait carrés
I' s'y seroèt arrêtés.

Sur la Vie

Naissance.   SOUHAITS A UNE FILLE

Autrefois, quand un enfant venait au monde et que c'était une fille on avait l'habitude de dire en manière de souhait : Dieu veuille qu'elle file.

Ce qui voulait dire : Dieu lui prête vie, puisqu'à partir de l'adolescence la plus importante occupation des femmes était de filer.

Les fiançailles.   LA LUNE ET L'AMOUR

En se couchant, la jeune fille qui veut connaître son futur mari n'a qu'à dire en regardant la lune :

> Lune, ô belle lune
> Fais-moi voir en dormant
> Qui j'aurai pour amant.

Et elle est sûre de voir en rêve l'époux qui lui est destiné.

．·．

Quand on perd sa jarretière, c'est dit-on, que son amoureux se dédie.

．·．

Quand une jeune fille se mouille beaucoup en faisant la lessive, on lui dit qu'elle épousera un ivrogne.

．·．

Les jeunes filles ramenaient souvent autrefois leur fiancé chez elles, à l'heure du diner du soir, pour lequel on ne manquait pas de le prier. Quelques pique-

assiettes, profitant de cette coutume, feignirent la galan-
terie en vue du repas, d'où ce proverbe resté populaire :

Un amoureux d' village
Ça fait l'amour pour el' fourage.

LE CRACHAT

Autrefois les fiancés qui voulaient se prouver la
force et la sincérité de leur attachement s'adressaient
cette demande :

« Raque deins m' bouque, ej' raqu'rai dans l' tienne.
Si tu m'aimes bien, t'aval'ros mein raquillon. »

ce qui signifie :

« Crache dans ma bouche, je cracherai dans la tienne.
Si tu m'aimes bien, tu avaleras mon crachat ».

LA MÈCHE DE CHEVEUX

Il ne faut jamais qu'une jeune fille consente à donner une mèche de cheveux à son fiancé, car s'il venait
à s'éloigner d'elle, on verrait par la puissance de ce
lien la jeune fille surgir et courir après lui.

Il se rattache à cette croyance une bien curieuse
anecdote. Une jeune fille picarde fut un jour sollicitée
par son bon ami de lui accorder une mèche de ses
cheveux. La jeune fille était très perplexe, partagée
entre le désir de ne point refuser à celui qu'elle aimait
cette légère satisfaction et la crainte de la perspective
que la tradition prédisait. Enfin, pour tout concilier,
ou moins en apparence, elle détacha quelques crins
d'un tamis et les remit au fiancé comme un fragment
de sa chevelure. Le jeune homme ne s'apercut point
du subterfuge, mais quelque temps après il fut appelé
sous les drapeaux et quelle ne fut point sa surprise

et celle de ses camarades en voyant courir... un tamis après lui !

On lira ci-dessous le plaisant monologue, que j'ai brodé sur cette tradition.

La Mèche de Cheveux

MONOLOGUE

Mesdemoiselles, ne donnez jamais une mèche de vos cheveux à un fiancé .. Ce n'est pas moi qui vous le recommande c'est la tradition picarde. Ne riez pas. . Elles ont du bon, ces anciennes croyances de nos ancêtres qui, sous une forme un peu .. fantaisiste parfois, renferment plus d'un enseignement basé sur l'expérience. Aussi y revient-on de nos jours avec la mode des vieux bahuts ou des vaisselles antiques et ces reliques de nos provinces suscitent, à bon droit, plus qu'un intérêt de curiosité.

Donc, je le répète : Mesdemoiselles ne donnez jamais une mèche de vos cheveux à un fiancé — dit la légende — car ces quelques brins soyeux, d'or ou d'ébène qui ne représentent qu'un imperceptible prélèvement sur votre opulente chevelure, ont cependant une grande importance et vous entraîneraient peut-être à contre-cœur, Dieu sait où !

Parfaitement. Ces légers fils, presqu'aussi frêles en apparence que ceux de la Vierge que l'automne fait flotter sur les buissons, ces légers fils, dis-je, constituent un lien de la plus grande force, un lien indissoluble — n'en déplaise aux partisans du divorce ! — et qui enchevêtre à jamais dans ses nœuds une simple promesse de mariage, même irréfléchie, comme il s'en fait, aujourd'hui surtout, beaucoup trop !

Bref, l'une de vous eût-elle oublié ses engagements

et le don de cette petite boucle, du jour où son prétendant viendrait à s'éloigner, l'âme meurtrie de son apparente indifférence, on la verrait bientôt le suivre, bon gré, mal gré, fut-ce au bout du monde, en esclave de la foi jurée et par la vertu de ce minuscule talisman.

Certes, voilà une mèche pour le moins aussi entraînante que celle de Mahomet, avec cette différence qu'elle n'a pas toujours pour effet de conduire au Paradis, car si la perspective d'un perpétuel enchaînement est admissible pour la Fidélité dont les cheveux se portent ainsi garants, elle n'a rien d'agréable pour les cœurs volages qui risquent fort d'être tiraillés de plusieurs côtés à la fois Il est donc préférable de se mettre en garde.

Et c'est ce qu'avait tenté, mais par un subterfuge, une jeune picarde du temps jadis, Or, il est des pouvoirs avec lesquels on ne transige pas.

Partagée entre la crainte de la prédiction et le désir d'être agréable à son prétendant qui réclamait d'elle ce souvenir en partant pour la guerre, la jeune fille chercha à le contenter sans risques, par la remise de quelque .. postiche et confectionna avec .. ce qu'elle avait sous la main, une sorte de boucle qu'elle donna à son ami comme un fragment de sa chevelure.

Celui-ci ne s'aperçut point de la substitution et serra précieusement le soi-disant gage de tendresse.

Mais quelle ne fut pas la stupéfaction générale, lorsqu'au moment où il regagnait son régiment, on vit courir... un tamis après lui !

C'était, en effet, à ce vulgaire ustensile de ménage, que l'hypocrite fiancée, pour simuler une mèche de cheveux, avait arraché plusieurs crins !!!

Mariage. ## LE NŒUD ETERNEL

Quand une personne se marie on dit communement : « En voilà une qui vient de faire avec sa langue un nœud qu'elle ne défera pas avec ses doigts. ». Ce qui n'a plus sa raison d'être depuis le divorce.

*
* *

Quand le prêtre vient à la maison bénir le lit nuptial et offre à la demoiselle d'honneur le *chanteau* ou dessus du gâteau qui est servi à cette occasion, ou le soir, au bal, quand la mariée avant de disparaître distribue à ses amies les fleurs d'oranger de son corsage, celle qui accepte et qui ne se marie pas dans l'année en a pour sept ans d'attente.

LA MARIÉE CONTENTE DE SON SORT

D'après une vieille croyance populaire, les monts de Caubert, près d'Abbeville, auraient été promis à la jeune femme qui passerait un an et un jour en ménage sans verser une larme. Or, jusqu'à présent, il n'ont pas encore été donnés...

. · .

Quand il pleut à torrents le jour d'un mariage on prédit aux mariés qu'ils auront du *gratin* c'est-à-dire *beaucoup d'enfants.* Il ne reste plus qu'à leur souhaiter qu'ils *vivront très vieux,* comme dans les contes.

La mort. ## PRÉSAGE

On croit que « quand on trompe sa bouche » c'est-à-dire quand le morceau prêt à y être porté tombe, on mourra dans l'année.

* *

Quand on porte des leunettes
On n'est pas longtemps à faire des alleumettes,
dit un ancien proverbe aux vieillards, ce qui signifie
qu'on ne vivra plus longtemps.

Survie. L'AUTRE MONDE

De tout temps, les hommes ont essayé de pénétrer
les secrets de l'au delà. On raconte en Picardie que
deux amis s'étaient réciproquement promis que l'âme
de celui qui mourrait le premier viendrait dire à l'autre si son nouvel état était préférable au précédent.
L'un d'eux bientôt trépassa et, accomplissant sa promesse, son âme revint une belle nuit visiter son ami.
« Eh bien ! dit celui-ci, qu'en est-il ? » — « Il n'est
que d'être.... » repondit le revenant qui s'évanouit
sans avoir fini sa phrase de sorte qu'on n'a jamais su
si c'était *mort* ou *vivant*.

La Mer et les Eaux

LES POISSONS D'EAU DE MER

La Crevette. — Comme paralléle à la croyance qui
veut qu'on retrouve les instruments de la Passion dans
la tête d'un brochet, je citerai la prétention qu'ont les
picards de découvrir *Adam et Eve au Paradis terrestre*
dans la crevette grise que sur le littoral picard on
nomme vulgairement *sauterelle*. Pour cela il suffit d'ex-
traire délicatement deux petits appendices situés près
de la tête. En les retournant et avec un peu de bonne

volonté on arrive à distinguer Adam d'Eve par la dif-
férente longueur de ce qui simule leurs cheveux.

Le poisson de St-Pierre. — La légende du poisson de
St-Pierre est bien connue en Picardie où on la raconte
ainsi : Pierre un jour en exerçant son métier de pêcheur
ramena dans ses filets une dorade qui se mit à l'im-
plorer pour aller rejoindre au fond des eaux sa nombreuse famille. Touché de compassion, Pierre la remit
à la mer et depuis ce jour, elle a gardé l'empreinte de
ses doigts en souvenir.

Poisson guérissant. — Pour guérir une inflammation
intestinale infantile nommée carreau, on avait l'habitude, dans les bourgades de la côte picarde et principalement à Cayeux-sur-Mer de faire pourrir un poisson
sur le ventre des enfants en guise de remède infaillible.

Le premier poisson vendu. — Les matelotes de
Picardie qui vont vendre le produit de la pêche ne
manquent jamais de faire le signe de la croix avec le
premier argent reçu s'il vient d'une femme veuve.
Etre *étrennée* par une veuve, cela porte bonheur, disent-
elles, et toute la récolte du mari doit s'enlever sans
coup férir.

L'ÉCUME DE MER

En Picardie quand la mer charrie une sorte d'é-
cume blanche, on la compare à du savon et on dit que
« ce sont les poissons qui ont fait leur lessive »

COUTUMES DE MARINS PICARDS

I

A quai, quand les marins qui en sont chargés n'ont
pas retiré leur pavillon avant le coucher du soleil,
des camarades tentent de s'en emparer en coupant la

drisse [1]. S'ils y parviennent ils s'en vont « boire dessus » au cabaret. Quand les mystifiés s'aperçoivent du tour qu'on leur a joué, ils sont obligés d'aller payer les tournées pour dégager leur pavillon.

II

LES MARINS ET LE PAIN

A Saint-Valery, comme en Bretagne [2], les familles de marins ont l'habitude de tracer avec le couteau une croix sur le pain qu'on va entamer, sans doute en signe d'hommage à Dieu qui l'accorde et pour qu'il prolonge à la famille cette faveur.

Les vieux marins ne peuvent supporter qu'on pose le pain sur le côté bombé au lieu de le mettre sur le croûte plate, ainsi qu'on en a l'habitude. Le pain mis sens dessus dessous représente, à leur sens, un navire chaviré en détresse et est pour eux du plus affreux présage.

LES FEUX DE St-PIERRE

Les feux de St-Pierre sont toujours traditionnellement allumés le 28 juin sur le Littoral picard. Les enfants vont quêter à cet effet à domicile « pour réchauffer, disent-ils, les pieds de St-Pierre » les vieux barils, les paillaissons usés, les papiers, etc. Chacun donne ce qu'il a, heureux souvent de débarrasser qui son magasin, qui son grenier. Le tout est allumé tri-

---

(1) Corde qui retient le pavillon et sur lequel il glisse.

(2)   Et papa qui, pensant que je manque au souper,
Fait la croix sur le pain, avant de le couper
           F^{ois} Coppée (Lettre d'un mobile breton).

omphalement à la tombée de la nuit au bord de la mer et la bande joyeuse des gamins tourbillonne autour du bûcher improvisé dont les tisons une fois éteints serviront de talismans préservateurs.

Quoique « ch' fu d'eau » n'ait plus la même importance qu'autrefois, c'est un curieux spectacle que la réverbération de ses lueurs dans l'immense étendue de la Baie dé Somme. Au Crotoy, la fète de St-Pierre étant celle de la localité, le feu est particulièrement brillant.

LE CHEMIN DE St-VALERY

Les vieux marins désignent encore sous le nom de *chemin de St-Valery* un banc de sable de la Baie de Somme, entre Noyelles et Crotoy ou vers le Crotoy, qui n'est, paraît-il, jamais recouvert, même par les plus fortes marées. Toutefois aucun n'a pu donner de ce fait une explication. Est-ce une allusion au miracle du transfert des reliques de St-Valery sous Hugues Capet ? On sait en effet qu'au moment où le cortège qui les acompagnait arriva au bord de la Baie il fut arrêté par la pleine mer. Mais par le pouvoir du saint, comme autrefois pour les Israélites traversant la mer rouge :

<blockquote>La mer inanimée
Leur fit la révérence et se fend en deux parts</blockquote>

ainsi que l'explique un très vieux tableau provenant de l'ancienne Chapelle de St-Valery.

Il se peut bien que la tradition ait perpétué le souvenir de ce passage par le nom de *chemin de Saint-Valery*, donné à un endroit le rappelant, soit par une particularité, soit par sa situation.

LA LÉGENDE DU COURLIS

Le courlis est un oiseau de mer des plus répandus sur le littoral picard où la chasse à la hutte est si en faveur. Les gens du pays l'appellent « corlu » et on prétend que son cri, espèce de sifflement sur deux notes est une onomatopée de ce nom. Mais si cet échassier se rencontre fréquemment, il n'en est pas de même de son nid qui reste, parait-il, introuvable, si nous en croyons un vieux proverbe local qui dit :

« Corlu, corlu, va où tu voudras
« Jamais ton nid on ne trouv'ra. »

M. Paul Sébillot, l'éminent traditionniste, a trouvé en Bretagne, la légende explicative de ce dicton et l'a traduite en des vers exquis qui seront d'autant mieux à leur place ici qu'il a bien voulu me les dédier : Cette poésie est extraite de son recueil *La mer fleurie* publié chez Lemerre.

Les Nids de Courlieux

A Mademoiselle A. BOUT.

Lorsqu'un ange du ciel fut venu l'avertir
De l'arrêt prononcé par Hérode en furie,
Saint Joseph s'embarqua sur un vaisseau de Tyr
Avec l'enfant Jésus et la vierge Marie.

Le soleil se cacha dès qu'on sortit du port,
Les oiseaux effarés volaient sur la mâture
Et leurs essaims bruyants, arrêtés sur le bord,
Présageaient aux marins une triste aventure.

Les courlis entouraient les divins passagers,
Qui placés sur le pont à l'abri d'une tente
Se tenaient à l'écart des autres étrangers
Et semblaient ne pas voir arriver la tourmente.

Suivant une légende, ils parlèrent breton
Pour avertir les saints des dangers du voyage,
Et Joseph les comprit, courbé sur son bâton :
« Retournez sur vos pas, le ciel est gros d'orage ;

Revenez à la terre, il en est temps encor,
Fuyez la grande mer, si traître et si profonde ;
La tempête bientôt va prendre son essor ;
Il faut mettre à l'abri l'Enfant sauveur du monde »

Et, tout en voletant, ils répétaient leurs cris ;
Le saint, qui les entend, dit alors à la vierge :
« C'est Dieu qui, par leurs voix, nous donne cet avis,
Demandons un canot pour regagner la berge. »

Le patron se rendit à leur désir pressant,
Et les gentils oiseaux suivaient la faible barque,
En murmurant ces mots sur un ton caressant :
« Hâtez-vous, fils du Dieu sauveur divin monarque !»

Quand Jésus fut à terre, ils chantaient : Gloire à Dieu !»
Et la sainte Famille, assise sur la plage,
Vit le pauvre bateau disparaître au milieu
Des flots qui déployaient sur lui toute leur rage.

Jésus récompensa ces oiseaux si jolis
Qui s'étaient empressés de lui rendre service :
Les enfants n'ont jamais déniché de courlis,
Car pour trouver leurs œufs, ils n'ont aucun indice.

Paul SÉBILLOT.

Les Métiers

DICTONS DES MÉNAGÈRES

Avec l'aiguille et l' coton
On fait durer plus longtemps l' vieux que l' bon.

On prétendait autrefois qu'une bonne ménagère ne
devait pas abandonner une chemise avant qu'elle pèse

sept livres. Et ceci s'explique par la façon qu'on avait en ce temps-là de raccommoder en mettant les pièces les unes sur les autres. La chemise finissait ainsi par devenir d'une épaisseur extraordinaire.

LA COUPE MANQUÉE

Quand une personne qui veut couper un vêtement se trompe et gâche de l'étoffe, on lui demande :

Vas-tu faire comme Rognolet
Qui, d'un manteau, n'a pas su retirer un bonnet ?

L'Intermédiaire des chercheurs et des curieux a donné une application de ce dicton :

« Le duc de Lauzun, dit-il, écrit dans ses mémoires : J'ai ouï dire quelque part qu'il (M. de Jancourt) était comme l'abbé Rognonet qui de sa soutane n'a pas su tirer un bonnet. (p. 319 de l'éd. Poulet Malassis 1858) ».

Toutefois le rédacteur de la note ajoute « Sait-on quel était cet abbé Rognonet ?

C'est un point qui reste à élucider.

**
* **

Des points de Jésus quatre à l'aune... telle est l'appréciation que l'on décochait communément au travail trop négligé des couturières de l'ancien temps.

LES CRIS DE LA RUE

... Et p'sant en p'sant
des bigarriaux.....
(pesant, pesant
des bigarreaux)...

criaient à qui mieux mieux il n'y a encore que peu d'années les petits marchands ambulants de la grosse cerise noirâtre très commune dans la région. De vieilles personnes m'ont expliqué que ce cri s'appliquait à une coutume disparue consistant à échanger un poids de cerises contre son équivalent en morceaux de fer, principalement de fer à cheval. Vente curieuse puisqu'elle se réalisait par un paiement « en nature » comme chez les sauvages. Peu à peu avec le modernisme l'argent s'est substitué à la ferraille mais le cri bizarre a survécu longtemps.

Le monde physique. Les météores

L'ORAGE.   INVOCATION

Pendant l'orage, les vieilles personnes dévotes aspergent la maison d'eau bénite avec un rameau de buis, en répétant cette invocation qui doit détourner le fléau :

Sainte Barbe et Sainte-Fleur
Qui portez la croix de Notre Seigneur
Faites que quand le tonnerre passera
Il ne tombe ni sur nous, ni sur nos compagnes.

* *

Il ne faut pas regarder les éclairs derrière les vitres, car on peut avoir les yeux brûlés.

PAROLES DANGEREUSES

Quand le ciel est couvert de nuages et que la mer le reflète en roulant ses vagues sombres, il faut bien se garder de s'écrier étourdiment : « Ah ! que le temps est noir ! ». Car une femme qui le dit un jour entendit une voix d'en haut lui répondre :

« Ton âme est encore plus noire !»

* *

L'ARC EN CIEL ET L'EAU

Lorsqu'après l'orage l'arc en ciel apparait, on considère s'il a « le pied dans l'eau » ou sur la terre ferme.

S'il a le pied dans l'eau, c'est signe qu'il pleuvra encore le lendemain.

* *

Il ne faut jamais montrer l'arc en ciel du bout du doigt car ce doigt serait coupé et tomberait immédiatement.

Daus certaines campagnes picardes on appelle l'arc en ciel « Porte de Saint-Jacques » sans qu'on puisse retrouver la légende qui paraît devoir expliquer cette dénomination.

Communication de M. A. Huguet.

LES NUAGES ET LE TEMPS

Les légers cirrus qui planent au ciel, éparpillés comme les barbes de géantes plumes, sont comparés à des « balayures » et pronostiquent le beau temps, le « nettoyage » étant fait.

LA MARÉE ET LE TEMPS

On croit aussi en Picardie — et non sans raison — que la marée peut amener un changement de temps.

LE VENT

Ce que dit le vent au pauvre passant :
Sorte (sors) mal vêtu que j' t'épluque !

LES CHIENS ET LA BOUE

Après la pluie lorsqu'une nuit de gel vient dessécher la boue des chemins, les bonnes gens ne manquent pas de dire que :
Chés q'chens i's ont meingé chés raques.
(Les chiens ont mangé la boue).

LA PLUIE

Dans les jours pluvieux, les enfants chantent en dansant sous l'ondée :
Il pleut, il mouille,
C'est la fête à la grenouille !

. .

Lorsque la pluie, en tombant à larges gouttes dans les flaques y forme des bouillons on dit :
Il pleut à clochettes
Il pleuvra encore demain.
Ce qui est d'ailleurs rarement justifié.

. .

Les jardiniers dont la corporation est importante à St-Valery dont les légumes et particulièrement les carottes sont renommés dans le monde entier ont recours à l'intercession de leur patron St-Valery pour faire tomber la pluie dans les périodes de sécheresse redoutable. A cet effet on dit à la chapelle de St-Valery une messe avec exposition et même procession extérieure des reliques du Saint[1] pendant neuf jours consécutifs.

Cette neuvaine, au dire des intéressés est infaillible et jamais ne s'est achevée sans qu'on ait vu tomber la pluie en abondance.

.˙.

Les paysans picards appellent le soleil « Colin » et la lune « La Belle ».

.˙.

L'étoile qui suivant les Bretons accompagne la lune et qu'ils appellent sa *chaloupe,* est son *pilote,* suivant les marins picards. Quand le pilote en est éloigné c'est signe qu'il fera beau temps, l'esquif n'ayant pas besoin de guide. Au contraire s'il en est très près, il veille au grain et la tempête est imminente.

HALO LUNAIRE

Le halo lunaire n'est pas de mauvais augure pour les marins qui le font intervenir ainsi dans les prévisions du temps auxquelles ils ne manquent jamais de se livrer :

> Cercle à la lune
> N'a jamais cassé mat d'hune...

.˙.

Il ne paraît pas devoir être attribué à la lune, en Picardie, l'influence néfaste qu'on semble lui réserver partout ailleurs. Elle est souvent évoquée dans les chansons populaires :

---

(1) A rapprocher toutes proportions gardées de la procession de N. D. du Port à Clermont-Ferrand.

C'est la lune
Belle et brune
C'est le temps
Bel et blanc
C'est la Vierg' qui nous appelle
Pour aller dans sa chapelle
Pour y boire du lait bolli
Avec tous les anges du Paradis.

.·.

J'ai vu dans la *lune*
Trois petits lapins
Qui mangeaient des prunes
Comm' trois p'tits coquins.
La pipe à la bouche
Le verre à la main
En disant : « Martin,
Verse nous du vin. »

.·.

On dit que les cheveux coupés dans le croissant
repoussent mieux et que ceux coupés dans le décrois-
sant ne repoussent plus.

LA POUSSIÈRE

Il faut en avaler un setier avant d'en mourir. Malgré cela d'aucuns ajoutent : le plus tard sera le mieux
pour combler la mesure et c'est pourquoi on fait à la
poussière une guerre acharnée en la pourchassant à
coups de plumeau.

Dictons et Blason populaire

CITADINS ET PAYSANS

Il faut croire que les habitants des villes et les populations maritimes du littoral picard professaient un singulier mépris pour les ouvriers des champs, d'ailleurs réputés très *en retard* sur la civilisation moderne, car nous avons relevé ce vieux dicton encore en faveur :

> Un paysan et un leup (loup)
> Ça n'a qu'eune âme à deux.

. .

SOBRIQUETS DE PÊCHEURS

Parmi les sobriquets dont nos ancêtres furent gratifiés et que M. Alcius Ledieu a étudiés et réunis dans son « Blason populaire du département de la Somme » se trouve celui de « Péqueux d' flets » décerné ironiquement aux pêcheurs de St-Valery qui pratiquent la pêche *à pied* dans les sables de la Baie au moyen de filets tendus ou « parcs ». Les pêcheurs de Cayeux et même du Crotoy qui affrontent plutôt le large, témoignent ainsi de leur dédain pour leurs voisins qui ne s'exposent pas autant.

DICTON SUR ABBEVILLE

Quand on prend une décision à tout hasard on a coutume en Picardie de s'exclamer :

> « Au P'tit bonheur d'Abbeville. »

. .

> Quant il est fête à Abbeville,
> Il pleut ou il est Vigile...

Abbeville, à cause de sa situation est exposé à recevoir une plus grande quantité de pluie et est surnommée à cause de cela le pot de chambre de la Picardie, comme Rouen est celui de la Normandie et Clermont-Ferrand celui de l'Auvergne. De plus, le franc marché qui était autrefois une vraie foire, c'est-à-dire une espèce de fête par l'animation, tombe le dernier mercredi du mois qui était alors jour d'observance du maigre comme les vigiles. Tout cela contrariait les réjouissances et provoqua ce dicton encore très en faveur, au grand dépit des Abbevillois.

. .

Quand on achète de la mauvaise toile qui s'allonge au lavage au lieu de rentrer, on dit en Picardie :

> C'est d' l'étoffe ed' la ville d'Eu,
> Avec une aune on en fait deux.

Les Eudois, d'ailleurs Normands,[1] avaient-ils la réputation de tricher sur la mesure en cherchant à augmenter la quantité ?

. .

On dit à propos de choses impossibles que ce sont « des carottes ed' Camon fricassées dans une poèle trouée ».

Et pour évincer un quémandeur importun :

> Tu r'ssembl' à ces maréchaux d'Vron,
> Quand i' s'ont du fer i' leur feut du carbon.

---

[1] La rivalité des Picards et des Normands, d'ancienne mémoire, se traduisait par ce brocard décoché probablement aux seconds par les premiers :
> « Picards bons enfants
> Pendez les Normands »

L'aventure des Berckois[1]

Berck-s/-mer, qui est une des stations les plus renommées de la Picardie moderne pour ses cures d'air et de sable marins, n'était autrefois réputé que par la simplicité d'esprit de ses indigènes.

L'une de leurs soi-disant aventures que j'ai pris plaisir à rapporter à M. Alcius Ledieu dans les intéressantes fouilles du passé auxquelles on ne manque jamais de se livrer en sa compagnie, a été intercalée par lui, comme il suit, dans son « Blason populaire » déjà cité.

Six habitants de Berck-sur-Mer (Pas-de-Calais) ont été jadis victime d'une farce qui m'a été ainsi racontée par Mlle A. Bout :

« Ayant une requête à adresser au roi, les Berckois se réunirent un jour en assemblée générale à la sortie de la messe. Après qu'ils eurent délibéré, ils décidèrent à l'unanimité que six d'entre eux seraient envoyés « à Pairis, moison du roi, pis de li offrir éche pu bieu pichon », dans le but de rendre Sa Majesté favorable à la demande qu'on lui adressait.

Le lendemain, de grand matin, les six élus partirent. A mi-chemin ils aperçurent au loin un immense champ de lin en fleurs, que le vent faisait onduler au soleil.

— Nom des eu ! se disent-ils, vlo le mer, por sûr ! Os n'avons point prins de batieu !

---

(1) J'ai su depuis que le haut fait en question était également attribué aux Dieppois. Ces différentes applications d'une même moquerie ne sont pas rares dans les chroniques d'autrefois. Elles prouvent seulement l'analogie de ceux qui en sont successivement gratifiés.

A. B.

En avançant, il se dirent encore :

— Cha ne sero pet-ête pas bien profond , os porrons le passer aveu nos bottes ..

En effet, ils purent faire la traversée. Cependant, au sortir de la mouvante étendue, ils songèrent à se compter pour savoir si nul n'avait fait naufrage. Ce fut le plus savant de la bande qui fut chargé de ce soin. Désignant celui de ses compagnons avec lequel il était le plus lié :

— Ti pi mi, dit-il cha ne foit qu'un... deux, trois, quate, chinq .. Ben, d'où qu'il est le sixième ? Os étions portant six.

Ne retrouvant pas, naturellement, celui qui était censé manquer à l'appel, les braves Berckois s'agenouillèrent et récitèrent un *De Profundis* pour le repos de l'âme du noyé, puis ils reprirent leur marche.

Enfin, après bien des péripéties de toutes sortes, ils arrivèrent au but de leur voyage, à Paris Avisant une maison qui leur paraissait plus haute et plus vaste que les autres, ils s'imaginèrent que c'était « le moison du roi ». Ils demandérent à parler à Sa Majesté.

Celui auquel il venaient de s'adresser les interrogeant sur la cause de l'audience qu'ils sollicitaient du monarque, l'orateur de la bande, celui qui devait complimenter le roi, répondit :

— Os sommes venu apporter no pus bieu pichon pour la sainte sacrée g..... du roi.

Le Parisien voyant qu'il avait affaire à des naïfs, résolut de les mystifier. Il les fit entrer et leur fit servir de quoi se restaurer un peu, puis il les enferma dans une chambre absolument obscure, en les invitant à prendre quelque repos à la suite de leur pénible

voyage. Quant au « pichon », il leur déclara qu'il se char-
geait de le remettre lui-même en leur nom à Sa Majesté

L'histoire ne dit pas si le « pichon » arriva à sa
véritable destination, ni surtout dans quel état de
fraîcheur il fut remis.

Très las, nos six Berckois s'assoupirent d'abord,
puis ils s'endormirent profondément. Quands ils se
réveillèrent, l'obscurité était encore complète, et personne, autour d'eux, ne donnait à dessein, aucun
signe de vie. Ils crurent la nuit inachevée.

— I' ne foit pas coire jour, dirent-ils ; dormons.

Et, n'ayant rien autre chose à faire, ils se rendor-
mirent Ainsi firent-ils à trois ou qnatre reprises
différentes. Au bout de trois jours, leur mystificateur,
jugeant que la plaisanterie était suffisante, fit ouvrir
porte et volets. Les six Berckois se lèvèrent.

— Ch'est égal, se dirent ils, ches nuits i sont bou-
grement longues à Pairis.

Ils partirent. Mais, décidés à ne pas prolonger
dorènavant leur voyage plus que de nécessité, ils
eurent soin, avant de s arrêter pour se reposer d'a-
dresser cette question au propriétaire de la première
auberge qu'ils trouvèrent sur la route :

— Ch'est-i que ches nuits i sont aussi longues ichi
qu'à Pairis ?

— Bien sûr, leur répondit-on.

— Si ch'est cho, os ne volons point couquer ichi.

Ils agirent de même aux auberges suivantes, conti-
nuant à marcher sans répit. puisque partout il leur
était fait une réponse semblable Ils rentrèrent à Berck
à bout de force, jurant, comme le corbeau de la fable,
qu'on ne les y prendait plus.

(Voir page 62)

Ancienne Chapelle bâtie sur le Tombeau de St-Valery

Cependant, leurs compatriotes qui n'étaient guère plus « dénichés » qu'eux, se déclarèrent satisfaits de la façon dont ils s'étaient acquittés de l'ambassade. Certains d'entre eux finirent par les envier d'avoir vu « Pairis, pis le moison du roi, pis coire le roi li-même grammen conten d'érechuvoir èche pus bieu pichon de Berk. »

C'est avec des historiettes de ce genre qu'autrefois nos ancêtres s'amusaient pendant les longues soirées d'hiver à la campagne aux dépens de ceux de leur voisinage et quelquefois de villages très éloignés. Ces historiettes n'étaient jamais bien méchantes, et elles avaient le don d'amuser la société, de provoquer ce « rire envié, sain, épanoui de France, qui plus qu'ailleurs, sonne si large et si sonore. »

Aujourd'hui, il ne se tient plus guère de ces réunions nombreuses du soir ; il n'y a peut-être pas à le regretter, car l'affreuse politique, qui se glisse partout, est l'ennemie du rire et l'agent le plus actif des discussions, des haines et des divisions.

Al. Ledieu.

Chansons de rondes, Rengaines, Devinettes, Jeux

REFRAINS DE RONDE

Au rond, au rond à bon marché,
Quatre-vingt dix pour un denier
Ah ! qu'i's sont beaux, ah ! qu'i's sont laids :
Mademoisel' tournez vot' nez.

(Une enfant se retourne).

Deux enfants se tenant les bras croisés devant la poitrine s'avancent en chantant :

> Gargarisse,
> Pain d'épice,
> Mon enfant est en nourrice,
> Pas d'argent pour le payer,
> Pistolet...

En disant ces mots, les enfants font chassé-croisé en se retournant.

POUR FAIRE OUVRIR UNE MAIN FERMÉE

D. — Qu'est-ce qu'il y a là-dedans ?
R. — D' l'or et d' l'argent.
D. — Qu'est-ce qui l'a mis ?
R. — C'est la souris.
D. — Qu'est-ce qui le r'tirera.
R. — Le roi.

Pour amuser les enfants, en désignant chaque chose avec le doigt :

Menton d'or, bouche d'argent, nez cancan, joue rôtie, joue brûlée, grand œillet (œil), petit œillet, (sur le front en joignant le geste à la parole) tap' tap' tap' tap' maillet !

Et voilà qui fait rire bébé !

Vieilles rengaines qui se répètent volontiers, soit entre enfants pendant les jeux, soit à la veillée en guise de plaisanterie :

— Quoi qu'os foètes quiote grammère (grand'mère).

— J'âlleume mein fu (feu).

— Pourquoè foère vo' fu ?

— Pour alleumer m' leimpe (lampe).

— Pourquoè foère vo leimpe ?

— Pour tracher mein quiot couticu eingué.

(Pour chercher mon petit couteau.., anglais ?).

— Pourquoè foère vo' quiot couteau eingué ?

— Pour coper l' langue à mein qu'chein. (chien).

— Quoèqu'il o foit vo' quien ?

— Il o mordu m' gaimbe (jambe).

— Montrez ein peu vo' gaimbe ?

Elle la montre. On crie en courant autour d'elle.

— Eh ! gaimbe porrie ! (pourrie), gaimbe porrie !

***

— Toc-toc.

— Qui va la ?

— C'est père Nicolas.

— Eintrez, eintrez, pèr' Nicolas os meing'rez ed' la papinade avec nous.

— Je n'viens pas pour boire, ni pour manger, j' viens pour conter un piot conte.

— Contez, contez, pèr' Nicolas.

— Rincez les verres.

— I n'a pas d'ieu fraîche.

— Balayez la moéson.

— I n'y a pas d' ramon. (rameau, balai de bois).

— Ah ! qué' fichue moéson !

***

— Bonjour Jein.

— Bonjour Jein.

— Tiens ! ti Jein, pis mi Jein, mon Diu, mon Diu, qué belle rencontre ! As tu eine fème ?

— Oui.

— Comment qu'a s'appelle ?

— Jeinne.

— Tiens ! ti Jein, pis mi Jein, et' femme Jeinne, el' mienne Jeinne, mon Diu, mon Diu, qué belle rencontre. As-tu ein fiu ?

— Oui.

— C'meint qui s'appelle ?

— Jein, comme sein père.

— Tiens ! ti Jein, pis mi Jein, et' fème Jeinne, el' mienne Jeinne, tein fiu Jein pis l' mien Jein, mon Diu, mon Diu, qué belle rencontre. As-tu eine fille ?

— Oui.

— C'meint qu'a s'appelle ?

— Jeinne, comme es' mère.

— Tiens ! ti Jein pis mi Jein, et' féme Jeinne, el' mienne Jeinne, tein fiu Jein, l' mien Jein, et' fille Jeinne, el' mienne Jeinne. Ah ! mon Diu ! mon Diu ! qué bel' rencontre ? As-tu ein qu'chien ?

— Oui.

— C'ment qu'i s'appelle.

— Patou.

— Tiens ! ti Jein pis mi Jein, et' fème Jeinne, el' mienne Jeinne, tein fiu Jein, l' mien Jein, et' fille Jeinne, el' mienne Jeinne, tein qu'chien ?... C'ment qu' tos dit déjo, je n'sais mi pus ?...

— Patou. (Ici si l'interpellé vient en aide au prétendu manque de mémoire, on lui réponds comme attrape :

Ben lève sa queue et mets tein nez d'sous.

.
. .

TERMINAISON DES CONTES

En passant par *Noyelles*
Mon p'tit conte s'est noyé.
En passant par *Amiens*,
Mon p'tit conte s'y trouve bien.
En passant par *Paris*,
Mon p'tit conte est fini.

.
. .

Mots picards difficiles à prononcer plusieurs fois successivement :

Cotron (jupon) croté, cotron croté, cotron croté...

L'expérience est amusante à faire.

.
. .

Jouet populaire

LES BOITES A SURPRISE. — *Deux liards de c'qui seute*

Tout le monde connait, dit M. Paul Sébillot dans la Revue des Traditions populaires,[1] les boîtes qui contiennent un diable ou un animal à ressorts, comprimé par le couvercle, et qui se développe brusquement quand on l'ouvre. Un passage des *Escraignes dijonnoises*, liv. I, xv, montre que ce jouet était bien connu au XVIᵉ siècle, époque à laquelle écrivait Tabouot ; il s'agit d'une andouille qu'une chambrière mit dedans comme à force dans un pot qui était devant le feu, la pressant avec le couvercle pour la faire entrer. « Qui fut cause qu'en relevant au bout d'un quart d'heure ou environ le couvercle, l'andouille, trouvant

____

(1) Numéro d'Août 1908, p. 262

liberté de sortir, se redressa par le bout toute droicte ; c'est ainsi que vous voyez de ces petits sautereaux que l'on enferme dedans des boîtes. » Ce jouet a-t-il des noms populaires faisant image, et se rapportant à la brusquerie de son apparition ?

*
* *

Une anecdote qui me fut transmise par la tradition répond à l'interrogation et vient prouver l'usage, en Picardie au moins, il y a cent ans, de ce vieux jouet aussi simple qu'hilarant !

L'un de mes grands-oncles qui devait devenir plus tard l'un des artistes les plus réputés de la Picardie dans la première moitié du xixe siècle, le peintre de marine Louis Gamain,[1] alors enfant, jouait en compagnie d'autres bambins sur la place de l'ancien Crotoy, son village natal.

L'objet de leur divertissement était justement un de ces diables sauteurs en question qui provoquait dans la jeune assemblée un enthousiasme indescriptible.

On s'imagine aisément l'effet que devait produire la moindre nouveauté sur cette jeunesse rurale qui n'était pas encore dégrossie par le moderne progrès.

Mon oncle, esprit inventif s'il en fut, trouvait le moyen de faire exécuter à son fantoche — tel guignol — les sauts les plus inattendus, au grand ébaudissement de son entourage.

Survint une fillette, « Quiote Marianne », comme on l'appelait familièrement, qui était un peu sa cousine

---

(1) Un artiste picard du xixe siècle : Louis Gamain, peintre de marine. Etude biographique par A. Bout (en préparation).

par parenté et dont un événement tragique, (l'incendie qui détruisit en 1799 la moitié de Crotoy)[1] avait fait sa sœur d'adoption.

-- « Oh ! Louis, s'exclama-t-elle, à son tour fascinée en apercevant la boite magique, où qu' t'as ieu cho, dis ? ».

L'interpellé ne résista pas au plaisir de mystifier sa petite amie :

— « Tu n'as qu'as aller chez Cornu, et tu lui d'mand'ras pour « deux liards de c'qui seute » répondit-il sans sourciller.

Quiote Marianne n'en attendit pas davantage et partit en courant vers la boutique du marchand dont l'inévitable moquerie ne tarda pas à lui faire expier la trop naïve crédulité de ses huit ans.

Elle revint donc en pleurant dans le cercle de ses espiègles camarades qui, loin de la consoler charitablement, perpétuèrent le souvenir de sa mésaventure en conservant aux boites à surprise la dénomination plaisante et expressive de : *deux liards de c'qui seute !*

(Revue des Traditions Populaires de Novembre 1908).

---

1) Cf. Florentin Lefils. Histoire de la ville du Crotoy et de son Château.

LÉGENDES VALÉRICAINES

.... Dès l'enfance, l'esprit doit avoir en pâture des
légendes fantastiques où toute l'imagination
peut se complaire suivant ses goûts multiples
et changeants. Les histoires de fées, les
Contes chevaleresques et les héros orientaux
donnent un immense champ d'action à l'esprit
qui s'éveille et qui s'étonne...

P. BRUNETTE.

La Vierge des Roches et la Nymphe
du Cap Hornu à Leucone

LE SAINT ET LE PAÏEN PÊCHEUR

1

Les voyages sont devenus une chose si banale, à
notre époque où la vapeur et l'électricité annulent pour
ainsi dire les distances, qu'un retour en imagination
vers les choses du Passé nous semble quelquefois une
agréable diversion.

Les petits coins inexplorés deviennent rares en France
tandis que les perspectives d'antan sont des mines
inépuisables que l'histoire ou la tradition ouvrent à
la fécondité de notre esprit. Et dans ces horizons lointains ce n'est pas seulément le cadre qui change mais
aussi les mœurs et les caractères. La société réapparaît

telle qu'elle était aux premiers âges de la Civilisation — avec des naïvetés d'enfance — au milieu d'une nature exubérante et fruste, parce que l'homme ne l'a encore ni épuisée, ni soumise.

C'est surtout à l'époque où le Christianisme commençait à se répandre en Gaule qu'il est curieux de se reporter. Les premiers apôtres, mûris aux foyers civilisés de la Grèce et de Rome, contrastaient singulièrement avec nos ancêtres à demi-barbares et encore plongés dans les ténèbres d'un paganisme à la fois puéril et grossier.

Ceux-ci refusèrent d'abord l'évangélisation et le culte du vrai Dieu vécut quelque temps à côté du culte des idoles : la croix étendant ses bras protecteurs sur le territoire défriché par les moines, les symboles païens retranchés dans les forêts inextricables. De ce voisinage si bizarre résultent naturellement les scènes les plus étranges qu'il soit possible de reconstituer. Peu à peu, on assiste, non pas, comme on serait tenté de le croire, à l'extermination des vieilles croyances, mais à la fusion de deux religions en une seule qui procède de l'une et de l'autre.

L'âme simple des hommes d'alors confondait, sans le vouloir, les caractères les plus distinctifs et les rites les plus opposés. La majesté d'un Dieu unique leur faisait presque peur. Ils étaient pris de vertige en présence de son infini. Ne pouvant s'élever jusqu'à lui, ils le rapetissèrent jusqu'à eux, l'assimilant à leurs fétiches. Cette combinaison était du reste une petite concession faite à leurs dieux abandonnés, selon eux protecteurs de leurs pères et dont ils redoutaient encore la colère et la vengeance.

II

A l'époque où nous remontons, c'est-à-dire au VIIe siècle de notre ère, s'élevait dans la Gaule Septentrionale, à l'embouchure de la Samara — la Somme actuelle — une petite bourgade du nom de Leugonau ou Leuconaüs dont nous avons fait Leucone.

Elle fut dans l'origine un simple rendez-vous de pêcheurs qui s'y fixèrent pour exploiter cette partie de la rivière alors excessivement poissonneuse. Le lieu était, du reste, magnifiquement pittoresque et sauvage, bien fait pour séduire ces amateurs de toutes les violences de la nature. Imaginez une montagne couverte de forêts, dominant une baie immense, plaine de sable s'étendant vers le N. O. à perte de vue, sillonnée par les méandres du fleuve. Deux fois en 24 heures la mer envahissait l'estuaire, et, souvent farouche, elle avait taillé en falaise à pic cette extrémité de la montagne. L'autre descendait en pente douce vers un autre bras de la Somme, déjà en partie comblé par les dépôts de terre alluviale.

Les huttes s'elevèrent à la lisière du bois qui regardait la Baie dans un endroit où la montagne s'abaissait presque jusqu'au fleuve. Leurs habitants se livraient à la pêche dans leurs barques légères. Ils avaient dans la forêt, non seulement un lieu abondant en gibier, mais encore une retraite inexpugnable en cas d'attaque, un sanctuaire pour l'exercice de leur culte. Leur naturel était doux et civilisable, et leur esprit aventureux jusqu'à la témérité. Aussi surent-ils tirer un parti merveilleux des ressources que leur présentait en ce lieu la nature, et voilà pourquoi leur colonie est, au siècle qui nous occupe, déjà active et florissante.

III

Un homme, un propagateur de la foi chrétienne, y était arrivé vers la fin du siècle précédent et séduit par les douceurs que la beauté d'un site donne à la vie contemplative, il avait résolu de s'y fixer et s'y était bâti un ermitage.

On l'appelait Gualaric, Waleric ou Valery, et depuis sa venue à Leucone la renommée de ses miracles et de ses vertus lui avait attiré tous les cœurs. Il guérissait les malades, apaisait la colère des flots, et sur son invocation toute puissante une source avait jailli.

Sa morale seule semblait un peu austère aux païens et pourtant ils ne la refusaient pas Mais, quoiqu'ayant la plupart reçu de lui le baptême, ils ne se faisaient pas non plus scrupule de sacrifier de temps en temps aux faux dieux en cachette, se figurant sans doute que la divinité, comme l'apôtre, n'aurait pas connaissance de leurs infidélités passagères. Il paraît qu'ils se trompaient, et nous allons voir comment l'un d'eux reçut, par une intervention miraculeuse, une leçon qui devait servir d'exemple à tous.

IV

L'automne avait été cette année-là, particulièrement mauvais pour les habitants de Leucone. Déjà, dans une affreuse tempête, quatre barques avaient péri, mais les présages sinistres d'ouragans encore prochains n'étaient pas faits pour effrayer ces êtres intrépides.

N'était-ce pas à la faveur des bouleversements du ciel et de la terre que la Nymphe du Cap Horniensis — la dernière expression du druidisme peut-être, —

errait dans la forêt sacrée veillant aux destinées humaines ?

Eroïc, le vieux pêcheur, l'avait vue pendant le dernier sinistre, passer vêtue de blanc à l'orée des bois qui bordent la falaise. Sa main s'était d'abord étendue en signe d'apaisement, mais à la vue de ses arbres consacrés mutilés, [1] à la vue de l'ermitage portant en couronnement l'emblème du culte supplantant le sien, la Nymphe s'était évanouie dans un éclair avec un sifflement lugubre auquel avait correspondu l'engloutissement des quatre barques.

Cette effrayante vision laissait Eroïc plongé dans l'épouvante et lui si brave d'ordinaire regardait avec effroi le vol inquiet des oiseaux de mer, présage de la tempête. Instinctivement il cherchait dans son esprit un moyen de conjurer la vengeance qu'il sentait déjà peser sur Leuconé et qui sait ? s'assouvirait sur lui peut-être ?

Tout à coup ses yeux s'arrêtèrent sur une humble statue pétrie grossièrement dans la glaise par ses compagnons sur la pieuse instigation de Vallery. C'était la personnification d'une autre protectrice des marins — toute de miséricorde celle là — la Vierge qu'on appelait la « Madone des Roches ». [2]

Son front portait en guise de couronnes plusieurs cercles de métal que chaque pêcheur en gage de foi y déposait après avoir reçu le baptême. Eroïc lui-même avait apporté le sien, le jour où il avait incliné la tête

---

(1) Les arbres, les bois, les fontaines attiraient encore au VI° siècle l'adoration publique dans le Ponthieu. On se prosternait devant les reliques de saints sous le même arbre où l'on avait coupé le gui, comme on s'agenouillait dans le temple païen changé en Eglise chrétienne.

Louandre (H^re d'Abbeville, tome I, p. 29).

(2) Une rue du Courtgain de St-Valery s'appelle encore « Rue Roche Madone »

— sa tête jusqu'alors infléchie — sous l'impression de l'eau sainte.

Le souvenir de cet acte d'humilité lui revenant tandis qu'il était encore sous l'empire de sa vision, Eroïc détacha la couronne jadis par lui offerte et s'en fut dans la forêt la déposer au pied du tronc sacré où s'incarnait la Nymphe.

V

Depuis plusieurs heures déjà, les barques voguaient sur les flots y compris celle d'Eroïc.

Après la satisfaction donnée à la farouche idole, l'âme du marin s'était apaisée et elle s'abandonnait maintenant à ses pensées, libre de tout pressentiment funeste. Mais dans ce double calme de l'homme et des éléments un esprit sagace et un œil exercé eussent facilement reconnu le repos précurseur de la tempête.

Tout à coup, en effet, le vent du N.-O., le plus à craindre dans ces parages, s'éleva avec impétuosité, menaçant de rejeter les embarcations sur la côte. Sous son effort toujours croissant les voiles se déchirèrent, la foudre en tombant acheva de briser les matures et les vagues se ruèrent à l'assaut des barques. Désormais privées de rames et de gouvernail elles allaient à la dérive et ceux qui les montaient sentaient leur témérité se fondre dans les angoisses de la terreur. Mais voici qu'au moment où l'ouragan parvint à son paroxysme, une sereine clarté éclaira soudainement l'horizon jusqu'alors couvert d'épais nuages. Et, dans le rayonnement de cette lueur, une apparition surgit au yeux éblouis des marins. Devant eux se dressait, identique mais animée, la Vierge des Roches, l'humble statue d'argile de Leucone. Lentement, elle détacha de sa chevelure les cercles de métal et les posa un à un sur les fronts de leurs donateurs respectifs, les mettant par le charme de cet anneau à l'abri du péril, eux et leurs barques.

Quand elle arriva à Eroïc dont la couronne manquait, elle le contempla, livré sans ressource au courroux des flots avec une expression de pitié suprême. Mais lui, comprenant tout à coup l'horreur de sa situation et la faute commise se précipita à genoux en adorant et s'évanouit.

Quand il rouvrit les yeux, son embarcation désemparée était mollement échouée sur la plage de Leucone à marée basse et toute espèce de danger avait disparu.

VI

Ce miracle fut le dernier coup porté à l'idolâtrie, et sous l'influence vivifiante de la civilisation à travers les siècles, Leucone est devenue une jolie ville civilisée qui a pris le nom de son premier apôtre.

Aujourd'hui encore, la situation de Saint-Valery est magnifiquement pittoresque et avantageuse. La fertilité de son sol est telle que malgré les défrichements successifs la végétation y reste luxuriante.

Sur les hauteurs du Cap Hornu d'où l'on découvre l'admirable panorama de la Baie, on montre au visiteur intéressé la source et le tombeau du Saint à la mémoire duquel se rattachent tant de jolies légendes.

II

L'apôtre et la Mer

Du rôle inconscient qu'a joué le bon Saint Valery dans l'ensable-
ment de la Baie et dans l'instabilité du cours de la Somme.

I

Parmi nos contemporains picards et plus spéciale-
ment Valéricains, bien peu assurément se doutent
jusqu'à quel point la plupart des faits actuels sont en
corrélation avec l'existence du bon apôtre de Leucone.
Il est vrai qu'elle commence à se perdre dans la nuit
des temps, et, à notre époque de rationalisme à ou-
trance on n'a guère que la crédulité de saint-Thomas.
Cependant si l'on ne croit que ce que l'on voit, la
croyance se limite à bien peu de chose - étant donnée
l'extrême réduction de la vie — et c'est pourquoi sans
doute on en arrive à nier tout. Je ne veux pas examiner si l'on y gagne ou si l'on y perd, car ces contro-
verses ne sont pas de ma compétence. Toutefois je
regrette ce désintéressement des choses du passé qui
ont leur charme, bien qu'un peu nuageux et lointain,
et qui reposent de toutes les difficultés du présent par
l'incomparable et suave fraîcheur de leur naïveté

Je dis naïveté car je n'entends faire ici ni de la
science, ni de l'histoire, encore moins de l'évangélisation, mais seulement remettre en faveur quelques-uns
des traits plus ou moins légendaires qui se rapportent
à nos ancêtres sous l'abbatiat de Valery en notre
contrée du Vimeu.

II

Au nombre des principales questions qui occupent
et occuperont encore longtemps nos modernes — la
Science est boiteuse comme la Justice — il en est une
sur laquelle nombre d'esprits se sont escrimés, et
tous jusqu'à présent y ont, selon une vieille expression consacrée par l'usage « perdu leur latin ». Tech-
niquement parlant, je dirai bien pourquoi et que la
Science marche vite et droit quand elle s'appuie sur
la Volonté et sur la Concorde. Mais je veux me borner
à fouiller le mysticisme des origines qui n'aura certainement pas le privilège de faire avancer la solution,
mais celui peut-être d'intéresser un moment le lecteur

Il s'agit de cette Baie de Somme sur laquelle on a
versé tant de flots d'encre et de paroles inutiles, merveilleuse situation dont les hommes n'ont pas su tirer
parti. De ma fenêtre d'où je puis admirer les multiples aspects de son étendue et de son ciel, je me prends
souvent à gémir sur elle — tels les Hébreux sur la
malheureuse Sion — et comme le poète communie
étroitement avec la création, à force de me pénétrer
de sa vue, je finis par percevoir le sens de ses mur-
mures et l'haleine du flot, en passant, me livre ses
secrets.

Voici la dernière chose qu'elle m'ait dite :

III

Saint-Valery était Leucone tel que je l'ai dépeint
dans ma précédente légende, et ses habitants, sous
l'égide de leur glorieux patron, comprenaient encore
que la mer est pour un pays une source de richesse
qu'il faut savoir se ménager.

(Voir page 74)

Eglise abbatiale de St-Nicolas à St-Valery

(Cliché obligeamment prêté par la Société d'Histoire et d'Archéologie du Vimeu).

Seulement la mer est aussi mauvaise que généreuse et dans ses caprices, elle peut reprendre ce qu'elle a donné, quoique de nos jours les conditions aient un peu changé, l'homme étant parvenu à soumettre les éléments.

La mer, dis-je, battait quelquefois avec fureur la falaise crayeuse de Leucone. Elle l'escaladait même, et c'était un terrible assaut que le sien, une lutte où les assiégés défendaient vainement avec l'énergie du désespoir leurs misérables et fragiles cabanes. Elles ne résistaient point à la violence des lames et le « sauve qui peut » était toujours la seule et unique ressource des combattants, heureux encore quand ils pouvaient se sauver tous !

Dans une de ces circonstances épouvantables, on vit non seulement la mer envahir la butte de Leucone, mais encore la Somme subitement grossie, menacer de couper par son inondation les derniers passages pouvant servir à la retraite. Devant ce double fléau, tout effort humain devenait impuissant, toute tentative de fuite inutile : les hommes étaient irrévocablement voués à la mort.

Superstitieux avant tout, ils s'adressèrent d'abord aux idoles, mais elles différaient leurs secours, et comme le danger allait croissant, on ne pouvait attendre le bon vouloir des dieux. Alors, une idée qui n'était pas encore bien enracinée dans les esprits — celle d'un être suprême et infini qui dispose à son gré de toutes choses — se présenta à ces pauvres condamnés comme une véritable planche de salut. Ils songèrent à Vallery dont l'intercession devait être plus puissante que la leur, à ce pasteur toujours bienveillant qu'ils avaient oublié dans leur effroi et que peut-être les flots avaient déjà englouti. Aussitôt la compassion, comme un baume bienfaisant, rentra dans leurs âmes un instant aveuglées par l'égoïsme, et ils oublièrent leur propre péril pour se précipiter à l'hermitage.

La colère d'en haut qui s'appesantit sur les méchants mais épargne les justes venait probablement de fondre sur Leucone sous la forme des éléments déchaînés, car, nouveau Noé, le serviteur de Dieu n'avait pas encore été atteint. A genoux dans sa cellule, résigné et priant, il attendait la suite des événements avec une expression de sérénité parfaite. A sa vue, les pêcheurs stupéfaits s'arrêtèrent et quelques-uns même crurent voir briller autour de lui un cercle lumineux qui l'isolait en quelque sorte du danger. Mais le saint, dont les invocations montaient déjà au ciel pour eux, se releva aussitôt et sa pitié s'accrut au récit de leur détresse. Rassemblant toute la compassion de son cœur dans une suprême et pressante prière, il sortit aussitôt de l'hermitage.

Le spectacle qui s'offrit à ses regards était poignant : les deux courants s'étaient rejoints, l'eau envahissait maintenant le sommet de la montagne. Çà et là, flottaient des épaves où s'accrochait quelque silhouette humaine. Encore un instant et la falaise minée s'écroulait, entraînant dans l'abîme les derniers vestiges de Leucone.

Alors, pris d'une soudaine confiance dans son intervention, Vallery éleva la voix au milieu du tumulte des flots.

— « Fleuve et mer déchainés, dit-il, au nom du Dieu dont je suis l'apôtre, quel tribut vous faut-il, pour apaiser votre fureur et mettre un terme à votre envahissement ? »

Aussitôt tous les bruits de la nature cessèrent à la fois, et dans le silence de cette accalmie, on entendit ces mots :

— « La mer se retirera lentement et le fleuve ne sera jamais esclave ! »

Dans le bouleversement de leur émotion, Vallery et ses compagnons ne comprirent point le véritable sens de cette parabole, et imprudents, ils ratifièrent d'un signe d'assentiment le traité qui devait être dans l'avenir une cause de dépérissement pour Leucone Mais sur l'heure fut conjuré l'assouvissement de la vengeance céleste.

IV

Je n'oserais point affirmer à mes lecteurs la véracité de cette version qui n'est garantie que par l'autorité des voix de la nature, perceptibles au poète, incompréhensibles au profane. Mais j'ai éprouvé un immense plaisir à les entretenir encore une fois de cette Baie au charme exquis dont je veux aujourd'hui m'écrier :

« O Baie ! Immense Baie ! où le flot bleu déferle
« N'es-tu point une valve au chatoyant reflet
« Sur le bord de laquelle en un magique effet
« Brille Saint-Valery : cette petite perle ! »

L'écueil des Bancs de Somme
et le pacte de la Sirène

I

Puisque j'ai choisi l'ère du bon Saint Valery pour point de départ, je vais vous prier, lecteurs, pour entendre ce nouveau récit, de remonter à une époque antérieure. Je veux vous faire voir aujourd'hui, non ce Leucone des premiers âges de la civilisation dont j'ai fait le théâtre de mes précédentes légendes, mais celui de la barbarie dans toute son horreur.

Certes, pour être encore plus loin de nous, ce temps n'en est pas moins curieux à reconstituer. Mais on l'évoque moins volontiers parce qu'il est plus douloureux. Malgré la respectable quantité de torts qu'on se plait couramment à attribuer à notre époque, elle frémit tout entière à la pensée de cette sauvagerie primitive, car, les fables se mêlant aux traditions et aux rares témoignages de l'histoire, il en résulte un tissu de faits excessivement tragiques.

Pour nous, si vous le voulez bien, nous nous consolerons de ces cruautés imputables à nos ancêtres en en mettant sur le compte du merveilleux la meilleure part. Dix-huit siècles ou à peu près, ont bien pu altérer la vérité et qui sait dans le même laps de temps ce que l'on dira de nous ? Notre siècle, je le disais tout à l'heure, n'est déjà pas si tendre pour lui-même !

Indulgents donc, pour des actes que nous ne pourrons point contrôler, nous nous contenterons de les

exhiber à titre de curiosité, comme ces anciens instruments de torture qu'on se plaît à tirer des vitrines
pour les examiner avec étonnement et sans avoir à
coup sûr la moindre intuition des maux qu'ils ont à
leur actif !

II

La Somme, à force de descendre sa pente et d'o-
pérer au même endroit sa fusion avec la mer, a fini
par y déposer les alluvions dont elle se charge conti-
nuellement dans sa course. C'est un fait purement
physique et on ne peut plus facile à s'expliquer. Le
courant du fleuve entraîne avec lui toutes les parcelles
de terre friable, jusqu'au moment où il se heurte au
courant inverse, né des agitations de l'Océan. Au
point d'intersection des deux forces, il s'établit une
lutte dans laquelle le fleuve abandonne les matières
qu'il tenait en suspension. Or, comme cette action se
renouvelle perpétuellement sans trève ni merci, on
comprend qu'avec le temps, il puisse se former des
dépôts d'alluvions considérables qui finissent par
obstruer les embouchures, gêner le passage des navires
et même provoquer leur échouement.

Les bancs de la Somme sont sous ce rapport hélas !
tristement célèbres. Aucun navire qui n'en appréhende
l'entrée par les jours de tempête. Mais nous allons
voir combien ces craintes sont puériles par la compa-
raison des dangers actuels avec les périls d'antan !

III

Leucone — qui ne portait certainement pas ce
nom à l'époque que nous évoquons tout d'abord —
n'était ni une ville, ni une colonie romaine ou massi-

lienne, ni même un rendez-vous de pêcheurs. C'était un campement d'hommes à l'état sauvage et primitif, l'âge de la pierre taillée se faisaient encore sentir et les géologues amateurs de fouilles pourront nous en fournir la preuve si le cœur leur en dit de rechercher leurs ossements dans les couches de terrains quaternaires !

Pour ma part, j'ai trop confiance en la crédulité de mes lecteurs pour m'amuser à aller jusque-là.... Je préfère de beaucoup laisser libre cours à mon imagination, d'autant plus que l'exactitude, à cette respectable distance de nous, est une chose tout à fait secondaire au point de vue de la légende, — et même au point de vue de la préhistoire, ajouterais-je, si je ne craignais de passer pour tout à fait profane auprès des disciples de Clio.

A l'époque en question, la falaise de Leucone commençait seulement à émerger des flots, la mer étant alors beaucoup plus envahissante que de nos jours, Les bouleversements de la nature étaient aussi plus fréquents, et les êtres et les choses beaucoup plus extraordinaires !

L'homme, dont les lumières de plusieurs siècles n'avaient point affiné l'esprit, ne comprenait encore rien aux forces de la création et il s'irritait souvent contre elles, comme s'il pouvait vaincre du jour au lendemain par sa colère des puissances que le progrès seul était appelé à dompter.

Un jour, la mer s'avisa de vouloir reprendre la butte qu'elle venait d'abandonner et dont les hommes avaient déjà pris possession. Ceux-ci tentèrent de la repousser et furieuse elle couvrit tout autour d'eux le sol de son écume d'où surgit aussitôt un être indescriptible et méchant. Cependant ils réussirent à l'apitoyer et le rejetèrent par surprise dans le sein de l'Océan. Porté par les courants, il finit par s'arrêter au point que j'ai défini et il s'y fixa pour toujours.

IV

Les siècles passèrent sur cet événement fameux et nous arrivons à la période voisine du christianisme mais qui cependant ne le fait pas encore pressentir, tant elle en diffère.

Les hommes avaient conservé la tradition de l'être étrange, dont ils n'avaient jamais eu révélation depuis. Cependant il advint que des pêcheurs descendant le courant abordèrent à marée basse près du lieu de sa retraite et au lieu de le combattre ils conclurent un pacte avec lui : les méchants s'entendent bien entre eux !

A partir de ce jour dès qu'une embarcation approchait de ces parages, ceux qui la montaient percevaient tout à coup des accents inconnus, attirants comme une mélodie mystérieuse. Mélange de douceur et d'effroi, son troublant de l'eau qui clapote trompeusement au-desus d'un abîme. Impossible de se soustraire au pouvoir de cet invisible aimant. Fatalement, toute volonté s'annihilait devant la magique influence et la subissait à son insu. Mais à peine s'était-on dirigé vers le point d'où la voix s'était fait entendre, qu'un ouragan épouvantable se déchaînait faisant de la malheureuse embarcation la proie des vents et des flots. Au milieu du péril, les pauvres condamnés entrevoyaient dans le lointain le scintillement d'une lueur qu'ils prenaient pour l'étoile conductrice, le phare du salut ! et ils essayaient de se diriger vers elle.

Hélas ! les hommes d'alors, pour être les premiers descendants du père commun à tous, n'en étaient pas moins plus ennemis que frères et se repaissaient de naufrages[1] !

Mêlant leurs feux trompeurs aux accents de la sirène, ils attiraient les embarcations que la tempête broyait invariablement sur l'écueil ; puis ils se partageaient les débris, après avoir fait esclaves leurs victimes.

O ténèbres d'un temps barbare !

* *

Le christianisme vint sur ces entrefaites poser son baume salutaire sur toutes les erreurs de l'humanité.

Les hommes apprirent des apôtres l'amour et la compassion envers leurs semblables, et cessèrent peu à peu de pratiquer les cruautés jadis en usage.

Ils rompirent de ce fait le pacte qu'en des temps antérieurs ils avaient conclu avec la sirène, et dès lors elle retomba dans son impuissance séculaire que les hommes désillés ne troubleront plus.

Aujourd'hui les naufrages devenus de plus en plus rares ont uniquement pour cause la violence des éléments déchaînés contre lesquels les hommes menacés trouvent dans leurs frères de la côte un bienfaisant et prompt secours. L'histoire des dévouements, hâtons-

---

(1) « Anciennement, un navire battu par la tempête venait-il se briser sur les bancs voisins du Crotoy, il était bientôt entouré de riverains accourus de toutes parts et plus dangereux pour les naufragés que les flots auxquels ils avaient eu le bonheur d'échapper. Tout ce que renfermait le bâtiment disparaissait sous les mains de ces hommes avides de pillage. Les cadavres eux-mêmes n'étaient pas respectés ; ils les dépouillaient inhumainement. »

H. DUSEVEL et F. A. SCRIBE.

(Description hist. et pittor. du département de la Somme, tome I, p. 29).

nous de le dire, est déjà plus féconde en faits mémorables que celle des cruautés d'antan, et la légende de la sirène ne saurait désormais trouver son application que dans cette mystérieuse attirance qu'exercent les charmes de la Baie sur tous les cœurs épris des grands spectacles de la nature.

L'Abbaye de Sainct-Vallery-sur-Mer

I

Après de successives dévastations, l'antique abbaye de Sainct-Vallery-sur-Mer venait d'être à nouveau relevée de ses ruines. Comme le Phénix, elle renaissait de ses cendres, et cette fois plus grandiose et plus brillante que jamais. Mais ce devait être la dernière.

L'abbé Nicolas[1] considérait à juste titre cette reconstitution comme son œuvre. Grâce à sa persévérance infatigable on avait retrouvé les trésors précipitamment enfouis lors du précédent pillage. Grâce à son intervention efficace et à sa tenacité, le monastère avait reconquis ses droits sur toutes les terres que différents actes de donation lui avaient jadis octroyées. Par son zèle d'apôtre, il avait su s'attirer toutes les générosités et mettre tous les revenus à profit.

De plus, et c'était là peut-être son meilleur titre de gloire, il avait élaboré les plans de reconstruction et dirigé l'édification pierre à pierre.

Aussi ce n'était pas sans une légitime ambition que l'habile moine considérait son abbaye désormais florissante. A genoux dans le sanctuaire splendidement reconstruit et placé sous l'égide de son ancien patron le saint légendaire, il cherchait dans la prière et dans la méditation une diversion aux préoccupations que cette œuvre lui avait fait naître.

---

(1) Nicolas d'Ellecourt, 26· abbé, 1482-1517. Il rétablit à neuf l'abbaye ruinée. (Abbé Caron : Histoire de Saint-Valery-sur-Somme).

Mais l'oraison qu'exprimaient ses lèvres ne parvenait point jusqu'à son cœur. Son esprit était pénétré des visions qui assaillaient ses regards.

Autour de lui, il voyait dans un tourbillon merveilleux s'élargir les ogives, s'élancer les délicates floraisons de pierre, s'épanouir les larges rosaces. La nef entière, la grande nef sans égale, dans un essor prodigieux de sa voûte hardie, semblait s'enlever vers le ciel.

C'était l'apothéose du chef d'œuvre sans doute, une manifestation de la satisfaction divine à son égard... Non, mais une rêverie d'artiste qu'enivre le succès de son travail, l'effet d'un sentiment purement humain et très imparfait qui peu à peu s'infiltrait dans le cœur du bon moine, à son insu : l'orgueil.

II

De son paradis inaccessible où toutes les pensées terrestres convergent sans que nous nous en doutions, le Très-Haut percevait les réflexions mentales de son serviteur.

Et l'ange de la Suprême Justice, vêtu de blanc, les pesait une à une, scrupuleusement, dans son inaltérable balance. Elles avaient d'abord été lourdes et agréables à Dieu. Les luttes morales qu'avait suscité l'érection d'un couvent et d'un temple rappelant les chrétiens à la piété, aux lieux illustrés jadis par l'apôtre bien-aimé Vallery, pouvaient bien compter pour des mérites

Mais comme le ciel le plus pur finit toujours par se couvrir de nuages, petit à petit avait dégénéré le sentiment de Nicolas et voici que maintenant il se complaisait dans sa propre admiration, car il s'incarnait en son œuvre. Et il finissait ainsi par souhaiter, moins la perpétuité du culte divin que la perpétuité de son nom... Alors la balance des bons sentiments devint plus légère et Dieu résolut d'infliger au moine une juste et profitable leçon.

III

Un ricanement sinistre qui vibra dans les profondeurs sombres de l'enfer accueillit la décision divine. Depuis longtemps, en effet, Satan enrageait de n'avoir pas prise sur l'austérité et la piété indéniables de l'abbé Nicolas. Mille fois il avait essayé de le vaincre dans les difficultés de son entreprise.

Mais lui ne s'était jamais laissé surprendre. Et chaque fois qu'une nouvelle assise de pierre s'ajoutait aux cloîtres, chaque fois qu'un clocheton léger se détachait de la basilique, la fureur de l'être déchu parvenait à son comble.

Non seulement le fervent abbé ne lui laissait former sur son compte aucune espérance, mais son zèle d'évangéliste lui avait retiré beaucoup d'adeptes.

Comment n'aurait-il pas été satisfait d'entrevoir enfin la vengeance ?

Immédiatement, profitant du mécontentement de Dieu, il se fit humble pour obtenir satisfaction et demanda avec instance d'être l'organisateur de cette épreuve.

Le Tout-Puissant qui a quelquefois besoin du concours de ce maudit pour châtier les mortels égarés, accepta la proposition de Satan, et dès lors celui-ci combina son plan avec d'autant plus d'adresse qu'il ne devait point avoir affaire à un endurci.

IV

Tandis qu'il était plongé dans son extase, tout à l'admiration des splendeurs environnantes, l'abbé Nicolas ne remarqua pas l'entrée d'un visiteur dans l'église. Il ne venait point apparemment pour prier, étant seulement occupé à détailler l'édifice. Mais parfois, sans doute, son ignorance des choses de l'architecture le laissait dans l'embarras, et il eut aimé à avoir un guide initié, à en juger par ses airs de contrariété, très significatifs. Ce fut à l'un de ces moments que le bon moine l'aperçut et s'offrit à lui venir en aide, visiblement heureux, du reste, de faire les honneurs de sa basilique.

L'étranger parut s'intéresser infiniment au discours de l'abbé, et, très adroitement, amena la conversation sur la gloire qui rejaillissait sur lui pour avoir conduit à bien une telle entreprise. L'abbé Nicolas exultait. Ce fut bien pis encore quand il parla de la reconnaissance de la postérité, de la consécration des siècles. L'immortalité de son nom, quel homme n'en a rêvé la gloire !

— Peu de chose vous manque pour obtenir ce couronnement, ajouta l'inconnu. Je parcours le monde et je puis jeter à ses échos un nom, qu'il redira ensuite de génération en génération avec une admiration respectueuse, le vôtre, si vous voulez... ?

— Etes-vous un messager céleste, reprit l'abbé pour disposer à votre gré des renommées et satisfaire les aspirations des hommes ?

— Je suis un peu plus puissant que tu ne t'en doutes, abbé Nicolas, dit l'étranger. Signe ce parchemin et ton rêve sera réalisé.

Et il déployait en même temps un large rouleau.

Le pauvre moine était ébloui. L'abbatiale qu'il avait rebâtie était là, dressant ses arcs-boutants dans l'espace. Et devant ce prodigieux tour de force du travail humain, devant la surnaturelle apparition qui compliquait singulièrement la situation, entre le néant des créations du monde et la promesse de cette survie, l'abbé Nicolas hésitait.

Soudain, une terreur l'envahit, et, mû par une force invincible, il porta la main droite au front pour faire le signe de la croix.

Le diable — car c'était lui — se révéla instantanément Sa forme empruntée lui échappa sous l'influence du signe mystique, et il apparut au malheureux moine tel que nous le représentent toutes les descriptions de l'enfer.

— Ah ! maudit, s'écria le pauvre abbé, tu veux mon âme, retire-toi, Satan !

L'ange du mal sentit sa proie lui échapper. Il tenta un suprême effort :

— Vois, dit il, voici ton abbaye florissante. Et il dépliait des plans, parfaitement exacts, du monastère qui jetait des lueurs sous ses doigts ; voici l'œuvre à laquelle tu as attaché ta vie. Je la tiens. Une dernière fois, signe ! ou, tôt ou tard, elle sera encore anéantie.

L'abbé Nicolas restait cloué au sol et muet. Un combat se livrait en lui :

— La gloire ou le néant ! Choisis...

Pour toute réponse, Nicolas acheva le signe de la croix de la main droite, tandis que de l'autre il essayait de saisir le mystérieux papier.

Le diable s'évanouit tout à fait, mais un seul coin du plan et quelques débris restèrent dans les mains de l'abbé Nicolas.

V

La Révolution, qui saccagea tant de choses, devait accomplir l'oracle et ne point épargner l'admirable abbaye de Sainct-Vallery-sur-Mer, ce cénacle de foi qui compta Fénelon au nombre de ses abbés, et qui eut aussi ses savants et ses artistes.

Cependant, le site agreste défriché par les moines a gardé quelque chose de la poésie mystique des sanctuaires, uni à la magnificence de la nature.

De la merveilleuse église de Saint-Nicolas, il reste à peine quelques tronçons de chapelle dont le bénitier affleure maintenant au ras du sol, par suite de l'exhaussement des terrains

Les communs sont dans un état de délabrement qui en empêche l'exploration.

De loin en loin, sur un espace qui est à présent une prairie, se dessinent les arcades encore debout d'anciens portiques.

Un escalier voûté en volutes conduit dans les souterrains aujourd'hui bloqués par la chute des pierres.

Seule, une partie subsiste à peu près intacte, ayant un joli cachet d'antiquité avec ses fenêtres en ogives et ses colonnades curieuses qu'envahissent la mousse et le lierre.

On a fait une demeure particulière de ce domaine du passé, et les paons tachetés d'or mettent une note gaie sur les pelouses.

C'est le regret du passant de ne pouvoir y pénétrer pour fouiller de près ces murs, contemporains des vieux âges, et seule partie du plan du monastère qui resta dans la main du moine quand il fut aux prises avec le démon.

La Butte des Six Moulins

Dans un des coins les plus pittoresques de Saint-Valery-sur-Somme, sur une élévation qui surplombe la ville et semble par cela même se rapprocher de la mer, s'élève un coquet château que son propriétaire a baptisé du nom joli mais peu connu de *Butte des six moulins.*

Des pelouses en pente douce où la bruyère violette met la note riante de ses fleurs, un parc aux luxueuses frondaisons, aux exotiques essences dont les allées dévalent en sursauts brusques ou en prolongements inattendus, font au manoir moderne un cadre digne de lui. De ses sveltes tourelles on a, entre la cîme des ormes centenaires du plan inférieur une échappée splendide sur la Baie immense. Le Crotoy est en face dans le soleil, comme un artistique tableau. Ses contours estompés par la brume d'été qui flotte se fondent avec un horizon d'un bleu flou imperceptiblement teinté. Les grandes lignes de ses villas que l'on distingue seules se prolongent dans la transparence des courants que la marée basse a laissés.

Limpidité des cieux, miroir de l'onde, indécision des lointains où passe le vol d'argent des mouettes, quoi de plus attirant pour les regards ? L'infini des étendues vous magnétise et vous retient.

(Voir page 80)

La Butte des Six-Moulins
(État actuel)

l'or
se f
et (
l'ea
abs
acc
édi
lui
qui
du
sur

des

cie
tro
et (
cad
véc

d'u
qui
pas

les
n'e
La
tai
fai

On s'oublie dans ce site charmeur où l'accueil que l'on reçoit double l'attrait de la nature. Mais comment se figurer que les beautés du domaine sont nouvelles et qu'il fut un temps relativement près de nous où l'endroit même où elles s'élèvent était une lande absolument déserte et inculte ? Le château, il est vrai, accuse une construction récente et la première partie édifiée n'a pas eu de mal à fusionner avec l'aile qui lui fut ajoutée tout dernièrement. Mais la végétation qui l'entoure est si puissante et si prospère qu'on a du mal à la croire toute jeune et surtout implantée sur un mauvais sol.

La science, l'intelligence et le travail ont triomphé des difficultés de la nature.

Cependant, comme on garde avec respect et conscience de leur prix les souvenirs des vieux âges trouvés enfouis dans les profondeurs des propriétés et qui en sont la préhistoire, on doit sertir dans un cadre d'or les traditions et les légendes qui ont survécu au bouleversement total des endroits.

C'est ce qu'on a tenté ici en dotant le domaine d'un nom renouvelé de jadis. Mais les noms s'expliquent mal d'eux-mêmes. Ils restent et leur signification passe.

Essayons de sauver leurs origines de l'oubli.

II

Il nous faut pour celui-ci, remonter encore aux temps les plus éloignés, alors que la coquette cité picarde n'était qu'un abri de pêcheurs et s'appelait Leucone. La mer la battait furieusement. L'abondante végétation de l'âge quaternaire la couvrait toute, exception faite cependant de ce coin de terre qui nous occupe et qui, par une singulière anomalie, restait improductif au milieu des arborescentes futaies de cette époque.

Une lande de l'antique Armorique cet endroit, avec ses vallonnements couverts des épineux genêts qui se revêtaient une fois par an de leurs poétiques toisons d'or. Les oiseaux s'éloignaient de leurs dards, les chasseurs n'allaient point poursuivre le gibier jusque dans leurs rudes broussailles. Et de cette espèce d'aversion des êtres vivants était née peu à peu une crainte superstitieuse. Une sorte d'influence surnaturelle devait planer sur ce lieu refusé aux empiètements des hommes.

Pourtant, malgré son excessive aridité, la lande était superbe à contempler dans sa luxueuse floraison, à l'heure où dardait le soleil. Le métallique éclat de ses rayons s'ajoutait au jaune ardent des pétales. Un bruissement infini d'insectes montait de ses buissons avec les effluves irritants des tiges sauvages. Une brûlante chaleur, d'abord emmagasinée dans les touffes, se dégageait lentement, se confondant avec les ardeurs du ciel.

Mais c'était à la tombée du soir que le spectacle produisait l'impression la plus intense. Les lueurs du couchant revêtaient de reflets étranges les premières ombres de la nuit. Puis, la lune remplaçait les teintes crépusculaires en baignant le tableau de sa lumière de rêve. De ses ondes bleutées, elle enveloppait toutes les formes comme d'une sorte de voile vague dont la brise en passant faisait trembler les contours indécis. Et c'était alors la manifestation des esprits de la lande, lutins, sylphes ou follets — âme du terroir — qui y valsaient quotidiennement.

Un léger chant à peine perceptible accompagnait leur tournoiement rythmique. Dans un langage étrange ils murmuraient :

« Nous sommes les maîtres de ce sol. Nous n'avons à redouter que la connaissance de toutes choses, permise il est vrai aux hommes. mais jusqu'à présent encore laissée uniquement à Dieu. Sans elle, nul ne se fixera sur notre domaine. Qu'il demeure à jamais inculte ! Nous resterons, nous resterons les maîtres de ce sol. »

III

Des hommes vinrent cependant. Avec le temps les préjugés disparaissent ; ils osèrent aborder la lande. Peut-être n'étaient-ils point de la contrée ou de la même croyance. Toujours est-il qu'ils fauchèrent où brûlèrent les ajoncs sans plus s'inquiéter de léurs génies. Mais dans le grincement du fer, dans le crépitement de la flamme des voies aiguës perçaient :

» Nous sommes les maîtres de ce sol. Nous n'avons à redouter que la connaissance de toutes choses qui transformerait la lande inculte. Ces hommes ne l'ont point. Leur établissement ne persistera pas sur notre domaine. Nous reviendrons, nous reviendrons. Nous sommes les maîtres de ce sol. »

Mais les intéressés point ne les comprirent. Hardiment ils continuèrent à défricher, puis commencèrent à construire. Bientôt six moulins s'élevèrent, comme un démenti formel à la prophétie, et sur la terre dénudée on sema du blé en abondance.

Malheureusement, au renouveau, ce furent en majorité les joncs-marins qui poussèrent. A peine de loin en loin pointait-il quelque chaume grêle ne promettant aucune moisson. L'œil d'azur des bluets et la tache sanglante des coquelicots se mêla davantage à l'or ardent des genêts qui s'étendait de plus en plus comme la dérisoire image de l'autre trésor irréalissble. Et les frémissements des tiges sonnaient dans l'étendue comme un minuscule ricanement sinistre.

Après de longues années de persévérantes mais inutiles tentatives, il ne resta plus aucune trace de culture sur le champ. Les genêts l'avaient reconquis. Alors les six moulins se fermèrent et peu à peu sous l'influence du temps qui les effrita, ils disparurent...

Lutins, sylphes et follets dansérent à qui mieux mieux sur leur emplacement. Ils avaient fait leur œuvre :

« Nous voilà revenus, nous voilà revenus, disaient-ils. Les hommes n'ont point réussi à rendre ce champ fertile. Nous sommes les maîtres de ce sol. »

IV

Une sorte de réprobation plana désormais sur la lande. Le souvenir des Six-moulins qui y avaient sombré subsista jusqu'à nos jours comme un enseignement et les sylphes légers dont l'existence semblait liée à celle des plantes sauvages purent se croire à jamais à l'abri des envabissements des hommes.

Mais la science veillait. La science qui éclaire d'un jour si convaincant les plus enracinées des traditions locales. Le propriétaire actuel arriva. Le site lui plut infiniment. Il résolut de s'y fixer. Mille arguments l'en déconseillèrent. La légende reparut pour l'en détourner. La première tentative lui fut donnée en exemple ; l'âme des esprits essayait de se réveiller. Des hommes réputés éminents expliquèrent par de grandes théories la stérilité irrémédiable du sol.

Vains efforts, il passa outre. Avec une grande sûreté de vues le savant architecte soutint la controverse et le résultat obtenu lui donne aujourd'hui mille et une fois raison.

Au souvenir des sylphes dépossédés dont on se plaît à envelopper les splendeurs actuelles se mêle, par le nom de baptème, celui non moins intéressant des six malheureux moulins.

TRAITS & CURIOSITÉS

Le Linceul

A M. Alcins LEDIEU.

Il y avait autrefois au bourg d'Ault un homme du nom de Quiot-Quiot Margritte dont on ne comptait plus les facéties et les tours. Comme le magister de Pernois dont s'est occupé M. Alcius Ledieu, il s'était acquis dans ce genre une véritable popularité.

Voici l'un des traits que l'on racontait le plus volontiers de lui et qui suffisait d'ailleurs à le dépeindre.

Un jour que sa femme critiquait fort les épouses avares qui ensevelissaient leur mari dans leur plus mauvais drap, il ne put s'empêcher de lui demander si elle ne ferait pas de même à son enterrement.

A quoi la commère ayant répondu en protestant que son amour conjugal primait de beaucoup son intérêt, l'idée lui vint de faire le mort à quelque temps de là pour connaître l'entière vérité.

Une nuit donc il simula un malaise subit, les convulsions suprêmes, l'ultime adieu et eut le courage de se tenir tout à fait coi, comme s'il était mort.

La digne épouse exprima bien d'abord son saisissement et son désespoir par les bruyantes démonstrations qui étaient alors la caractéristique du chagrin des veuves éplorées.

Puis, quand ses voisines accourues lui eurent fait comprendre que le mal était irrévocable et qu'il fallait se résigner à la volonté du bon Dieu, elle se calma et consentit à se prêter aux pratiques de l'ensevelissement.

On lui demanda donc de tirer de son armoire le linceul indispensable.

Or, à cette époque de prévoyance et d'économie, il n'était pas rare de trouver chez les ménagères picardes, même les plus humbles, un trousseau complet en bonne et solide toile de lin, accompagné de plusieurs pièces de même. Ç'avait été la dot de la jeune fille et ç'était devenu la réserve, l'épargne du ménage en même temps que son légitime orgueil. Mais aussi on n'y touchait pas sans regret et c'est certainement le sentiment qui s'empara de la veuve Margritte au moment de choisir la dernière vêture de son pauvre homme. Elle réfléchit que ses amies n'avaient point tout à fait tort de ne point sacrifier leur plus beau drap pour mettre pourrir dans le cimetière, qu'après tout, quand on est mort peu vous importe, et qu'il est beaucoup plus sensé de songer aux vivants. Laissant donc de côté ses belles toiles, la brave femme s'empara d'un vieux drap et le remit aux veilleuses.

Mais elles n'en eurent pas sitôt enveloppé le défunt que celui-ci murmura d'une voix d'outre-tombe :

Adiu min père, adiu ma mère, adiu tous mes péreints.
J' m'ein vos péquer du héreing !

Car le linceul était si criblé de trous qu'on aurait pu s'en servir en guise de filet.

Grande fut la terreur des assistants à cette scène en présence de cette résurrection inattendue, et grande surtout fut la déconvenue de la digne épouse quand son mari, dénonçant complétement son subterfuge, lui prouva par là l'hypocrisie de ses protestations.

Conté par Mlle Em. L...

Les quatre Baudets

Quiconque visite à notre époque une des localités de la Picardie, un jour de grand marché, peut contempler dès le matin l'arrivée ininterrompue des campagnardes venant des villages voisins apporter à la vente en plein vent leur contribution de victuailles.

Confortablement assises dans leur robuste carriole enlevée par un vigoureux boulonnais, dissimulant au fond du véhicule leurs paniers de toutes sortes, elles passent avec une expression de tranquille aisance qui n'excite plus aucune hilarité.

Il n'en était pas de même il y a une soixantaine d'années, alors qu'elles devaient faire le trajet à dos d'âne, parmi l'amoncellement de leurs marchandises. Car la plus modeste charrette constituait encore un luxe, et le poids du fardeau autant que la distance ne leur permettaient pas toujours d'aller à pied.

Si le mode actuel de locomotion qu'est la bicyclette a pu sembler ou semble encore bizarre à quelque esprit routinier, qu'on juge de l'effet éminemment pittoresque que devait produire, à plus forte raison, cet ensemble, et s'il provoquait les quolibets.

La foire de la Trotterie amenait toujours à Saint-Valery nombre de spécimens analogues, et il n'en fut pas de plus cocasse que celui qui traversa les rues de l'antique cité du Vimeu, un certain 12 novembre du temps passé :

Deux paysannes s'avançaient, montées à califour-

chon sur le traditionnel Roussin d'Arcadie. Leur gau-
cherie s'enveloppait dans un costume qui paraissait
déjà d'un autre âge. Tout autour d'elles, les pattes
emplumées des volailles, les oreilles velues des lapins,
la paille où s'entassent les œufs et le beurre débor-
daient des corbeilles, leur faisait un cadre réussi.

Il n'en fallait pas plus pour exercer la verve sar-
castique d'une jeune fille moqueuse, témoin occasionnel
de cette grotesque apparition.

— Tiens, s'exclama-t-elle, un peu haut, voilà trois
baudets qui passent !

Sous leur apparente naïveté, nos bonnes Picardes
ne manquaient point de cet esprit qui leur est naturel,
et ce fut sans hésiter que l'une d'elles paya de cet
à-propos leur mordante interlocutrice :

— Ben, v'nez aveuc nous, quiote, os f'rez quate !

« Touille, touille, Jein-Marie,
i n'i ein o por six lierds ! »

———

A Mme J. ROUGEULLE,
en toute cordiale sympathie.

La fenétre de la salle à manger de mon oncle s'ouvrait sur une des principales rues de l'ancien Crotoy.

Il y a loin cependant de cette humble voie de jadis aux riantes artères d'aujourd'hui, toutes composées de pimpantes villas où s'encadre l'élégance très moderne des baigneuses. Simplement bordée, à quelques exceptions près, de masures de pêcheurs ou d'artisans, la modeste rue d'autrefois ne retentissait guère que de l'accent picard lancé par l'organe sonore des matelots, ou du bruit cadencé d'un outil exerçant la petite industrie locale.

Toutefois, ces bruits se fondaient alors, comme maintenant, dans l'accompagnement sourd, mais grandiose, de la mer.

L'œil perdu dans son impénétrable horizon, mon oncle, vieux navigateur natif de la localité, écoutait monter jusqu'à lui ces rumeurs familières, à la faveur desquelles il s'amusait à pénétrer la vie intime de ses voisins qui tous avaient été les compagnons de jeux de son enfance, et, malgré la différence de conditions sociales, restaient bel et bien ses amis, souvent ses commensaux.

Grâce à la surélévation de son immeuble, la bienveillante curiosité du marin pouvait s'exercer à loisir dans l'intérieur rustique qui s'ouvrait juste en face de lui : c'était le logement et l'atelier d'un pauvre menuisier, habile en son travail comme un artiste, mais auquel l'indifférence du temps ne permettait pas de sortir de l'obscurité et de la misère.

Il avait ce jour-là, comme de coutume, manié la scie et le rabot jusqu'au crépuscule, et il profitait des dernières clartés du ciel pour prendre son frugal repas sans frais d'éclairage, car nos paysans sacrifient volontiers à cette mesquine économie les productives heures de la veillée.

Pour tout réconfort, sa femme, encore plus sévère sur le chapitre de l'alimentation lui avait préparé une vulgaire salade, qui, à vrai dire, comblait le récipient d'antique faïence bien digne de faire la joie de nos actuels collectionneurs.

Tout en dévorant à belles dents leur miche de pain — seul plat de résistance, hélas ! — nos deux époux plongeaient à qui mieux mieux dans le saladier dont le contenu donnait un peu de goût au maigre croûton.

Mais le bonhomme ne paraissait pas satisfait.

« A n'o mi d'goût, en'huy, t'salade, no' fème », ronchonnait-il.

« Touille, touille, eh ! Jein-Marie, i n'i ein o por six lierds », répondait Mad'lon sans s'agiter.

Un sou d'huile, 2 liards de vinaigre pris *tout ensemble* pour la circonstance, chez le marchand du coin, dans une tasse ébréchée, constituaient donc le seul assaisonnement du manger de ces pauvres gens qui ne songeaient cependant pas à se plaindre !

« Tu n'es pas honteuse, Mad'lon, de donner un

pareil souper à ton homme après une journée de labeur !
interrompit, au travers de la rue, la voix grondeuse
de mon oncle.

« Ben, mossieu Germain, fit l'interpellée, vraiment
logique, si j'avoès vo' bourse, ej li donn'roès meilleur ! »

Ch' pus bieu Pichon

A M. Paul EUDEL.

Bien avant que les localités maritimes de notre Picardie et d'ailleurs eussent fait fortune ou tout au moins conquis l'aisance avec la mode, encore toute récente, des déplacements vers les villes d'eaux, ces stations que nous voyons aujourd'hui pendant la « saison » profiler au soleil les élégantes découpures de leurs villas réfléchies par la mer, n'étaient guère que d'humbles bourgades presque entièrement composées de cabanes de pêcheurs. Aussi, les usages et les mœurs y avaient-ils conservé quelque chose de primitif et la vie y était elle strictement réduite en tout à sa plus simple expression.

Ces pauvres pêcheurs, qui ne cessaient pourtant d'affronter jour et nuit la mer et l'ouragan pour se procurer de modiques ressources, n'avaient, la plupart du temps, pour toute nourriture, que le menu fretin de leur pêche. Il ne s'établissait pas de bouchers dans les petites communes. et en ces coins perdus de la côte où l'élevage est difficile, bien peu d'habitants pouvaient se payer, comme à la campagne, le luxe compensateur de l'engraissement d'un cochon.

Flets, carrelets ou cuquettes, abandonnés dans les « parcs » par le reflux, constituaient donc l'ordinaire alimentation. Or, on sait le peu de faveur dont jouissent ces poissons de la baie, à la chair flasque, insipide, et naturellement, sans grands principes nutritifs. Mais en revanche, la Baie est généreuse, et peut-être la *quantité* remplaçait-elle avantageusement pour beaucoup la *qualité*. Nombre de gens, à notre époque, ont encore cette étrange préférence.

C'était, du moins, ainsi qu'on va le voir, l'avis d'un jeune pêcheur crotellois, que l'ardeur d'une discussion avait fait sortir en coup de vent de sa demeure, au passage fortuit d'un de mes aïeuls. Suivi de près par sa mère — une matelotte de l'ancien temps, coiffée de la légendaire « calipette » — il ne cessait de l'accabler de ses invectives, formulées dans le plus pittoresque des patois.

Naturellement la brave femme ne se gênait pas pour répondre et il en résultait un feu roulant d'épithètes *salées* du plus renversant effet.

Quelle pouvait être la cause d'une telle dispute ? Sans doute certain drame de famille jusque-là insoupçonné ou une révolte contre l'autorité maternelle souvent exagérée par des abus ?

Telles étaient les réflexions mentales du spectateur qui cherchait vainement à démêler quelque chose dans le flux toujours montant des injures incompréhensibles. Quand, tout à coup, au plus fort de la querelle, ce curieux motif de l'indignation s'échappa des lèvres vengeresses du fils courroucé :

« *Os n'êtes qu'eine grosse gourmeinde. I vous feut toujours ech pus bieu pichon !* ».

Os nous r'joindrons !

Ma bisaïeule recevait, ce jour-là, 25 septembre de l'an de grâce 17.., la visite de deux de ses fermiers qui venaient après l'achèvement de la moisson, s'acquitter de leur redevances.

Car à cette époque la possession de quelques lopins de terre constituait le meilleur et le plus habituel revenu, le commerce et l'industrie n'étant pas arrivés au développement actuel et les jeux de Bourse n'inspirant jusqu'alors qu'une médiocre confiance, aucune expérience n'ayant encore réussi à prouver la force et l'élasticité du crédit, ce ressort, d'ailleurs, aussi scabreux que puissant.

L'exploitation de la propriété n'était pas non plus ce qu'elle est aujourd'hui. La terre, non réparée par le système des engrais chimiques devait se reposer par tierce partie. Cultiver cent journaux de terre *à la sole* équivalait donc à détenir trois cents journaux dont un tiers produisait annuellement des céréales et un tiers des fourrages, tandis que le troisième tiers restait en jachère.

Ce répit valait-il la restitution des principes nutritifs ? J'en doute, le repos n'ayant jamais remplacé l'alimentation, bien que le proverbe affirme que « qui dort dîne. »

Mais revenons à nos compères, que nous avons laissés au moment de leur introduction et que nous nous représentons dans l'ordinaire accoutrement de nos paysans picards.

(Voir page 94)

Bout
D'après une gravure du temps. (1792)
Types & Costumes de l'Ancienne Picardie

La route qu'ils venaient de franchir était longue, toute peine et tout empressement méritent salaire, et dans l' « ancien temps » on était plus offrant, plus hospitalier que de nos jours.

Mon ancêtre compatissante songea donc à les faire se restaurer quelque peu avant de repartir et, à cet effet, disposa devant eux, après les avoir fait asseoir, un énorme pain de ménage et une grosse pièce de beurre intacts.

Tout en causant nos braves gens entamèrent à qui mieux mieux l'un et l'autre. Mais comme ils étaient placés face à face, ils avaient sans hésiter, commencé le pain et le beurre de leurs côtés respectifs, c'est-à-dire à chaque bout.

La maîtresse de céans s'en aperçut et, légèrement vexée, leur en fit la réflexion.

— Ah ! c'est rien, allez, Madame, répondit l'un d'eux avec placidité et sans que mon aïeule y attachât d'importance, *os nous r'joindrons*.

D'autres préoccupations la détournèrent ensuite de la cuisine où restaient attablés ses fermiers, et ce n'est qu'après leur départ, qu'à son grand ébahissement, la bonne ménagère comprit le véritable sens de ces paroles en constatant la disparition intégrale de ses provisions.

Nos bons picards, (excellentes fourchettes) en engloutissant par moitiés la totalité du pain et du beurre avaient effacé toute trace de leur bévue et *s'étaient rejoints... consciencieusement* !

Chacun eine bouquie

On s'est plu, de tout temps, à proclamer la franchise picarde. Mais a-t-on jamais relevé ce sans-gêne tout aussi caractéristique qui la complète ordinairement ?

Le paysan picard est partout chez lui, comme son voisin d'Outre-Manche avec lequel son langage a plus d'une analogie[1].

Toutefois, il ne s'installe pas au domicile d'autrui avec la raideur, la flegmatique prise de possession britanniques qui sont si déplaisantes, mais au contraire, avec une rondeur, une bonhomie qui désarment.

Les relations à la campagne sont d'ailleurs particulièrement familières. On y pratique volontiers l'hospitalité, on s'entr'aide simplement « à charge de r'vanche ». Celui qui a, donne ou prête (en nature) à celui qui *n'a pas*. Le deshérité du sort qui est privé de jardin n'achète pas de légumes pour cela ; il en trouve chez un ami, et point n'est besoin d'être propriétaire d'un attelage pour se rendre en véhicule à la ville prochaine, il suffit de rencontrer une occasion de voiture ! »

Ces services mutuels et même désintéressés font le plus grand honneur à ceux qui les pratiquent et on comprendra qu'à une époque moins enfiévrée, plus patriarcale que la nôtre (c'est-à-dire dans l'ancien temps) ils aient été particulièrement en faveur parmi nos paysans.

---

(1) Ex. : brush, anglais, bruche, picard — brosse.
To disburb, id. déturber, id. — détourner, déranger (de ses occupations), etc., etc.

Comment alors leur persuader qu'il n'en pouvait être de même hors de leurs villages et qui donc leur aurait enseigné la réserve, surtout avant que les facilités de communication les eussent dégrossis au moins superficiellement ?

*
* *

L'heure du repas avait sonné dans la pittoresque demeure valéricaine. Plusieurs couverts s'alignaient sur la table de famille et les victuailles qui composaient le frugal déjeuner n'attendaient pour le partage, que le retour de la maîtresse de maison malencontreusement retenue à ce moment par l'interminable bavardage d'une fermière.

D'un caractère affable, la ménagère faisait contre fortune bon cœur et répondait patiemment à ce patoisant verbiage.

Cependant le temps passait. La brave campagnarde ne paraissait pas pressée de se retirer et son interlocutrice songeait avec ennui que le moment allait sonner pour tous les siens de regagner qui le bureau qui le collège. Force était donc de se mettre à table et pour cela éloigner l'intruse.

Poliment, quoiqu'un peu excédée par sa ténacité, la femme du monde s'excusait :

— Je vais être obligée de vous quitter... Mon mari, mes enfants m'attendent pour déjeuner...

L'autre ne bougeait pas d'une semelle. Alors, la maîtresse de maison crut avoir trouvé une raison péremptoire :

— Je ne vous invite pas à déjeuner, dit-elle, car nous n'avons en grande partie que des restes, et je craindrais par conséquent d'être un peu à court...

Saisissant avec adresse le côté vulnérable de l'observation, la paysanne, déjà habile partageuse, pénétra immédiatement dans la salle à manger, prit un siège, s'attabla sans cérémonie et ne se préoccupant pas le moins du monde de l'ahurissement général, elle murmura avec une délicieuse condescendance :

— « Na madame, ça n'foet rien. Si n'y ein o qu'chacun eine bouquie, eh ! bien, os n'ein meing'rons qu'chacun ein' bouquie ! »

Dans la cruche

A M. E. DELAMOTTE.

L'un de mes ancêtres qui vivait à l'époque que nous avons l'habitude de dénommer « le bon vieux temps » avait fait connaissance, dans ses visites au Crotoy, d'un tailleur qui habitait près de l'Eglise et par conséquent du cimetière, puisque l'un entourait l'autre, comme on le voit encore dans certains villages.

Le bonhomme était loquace et original. Aussi mon aïeul prenait-il plaisir à lui faire raconter ses histoires ou émettre ses bizarres idées. Et naturellement ses faits et gestes revêtaient comme elles un cachet de particularités et de superstitions. La crédulité aux boniments des charlatans de toute espèce tenait lieu alors de développement intellectuel.

Or, parmi les curieuses pratiques auxquelles se livraient le tailleur, il n'en était pas de plus étonnante pour son visiteur que de le voir quelquefois aller ramasser un caillou sur la chaussée pour le faire tomber religieusement au fond d'une cruche à demi-comblée par des pierres analogues.

A force de réfléchir et de tenter le rapprochement des circonstances pour avoir le mot de cette énigme au jeu de laquelle il se piquait, l'aïeul perspicace finit par s'apercevoir que la chute d'un silex coïncidait avec le passage d'un enterrement devant la porte du couturier. Et l'ayant questionné sur son étrange but, celui-ci expliqua que c'était sa façon de compter les gens de l'endroit au fur et à mesure de leur disparition, calcul facile pour lui, puisqu'il fallait qu'ils longent sa demeure pour entrer dans le nécropole.

En somme, l'idée pour être personnelle et sans apparente utilité, avait quelque analogie avec la coutume qu'ont les habitants de nos hameaux de déposer au calvaire du carrefour une petite croix de bois, lorsqu'un cortège de deuil passe devant pour se rendre à l'église du village voisin à la paroisse duquel le leur est rattaché. On obtiendrait par le compte des croix le nombre des défunts depuis la date d'érection du Christ, c'est-à-dire probablement depuis l'origine moderne du hameau.

Le réservoir du brave tailleur n'était pas si *cruche* qu'il en avait l'air. A l'instar des crucifix, il aurait pu renseigner, en remontant à une soixantaine d'années — l'âge de son propriétaire — les auteurs de monographies soucieux de dénombrement local.

*
* *

L'inoffensive manie du vieux picard s'était vite répandue dans la localité à la suite de l'ébahissement et de l'indiscrétion de mon aïeul.

Aussi lorsqu'au bout de quelque années, il se rendit comme de coutume, à la maison de son modeste compagnon et que l'ayant exceptionnellement trouvée close et abandonnée il interrogea sur son sort ses concitoyens, ceux-ci se bornèrent-Ils à lui faire cette judicieuse réponse :

« Il est passé dans sa cruche ! »

Le bon dîner

Chez nos « taïons », gens de joyeuse humeur et ayant forcément moins de variétés que nous dans leurs distractions, une bonne farce était toujours sinon bien, du moins très indulgemment accueillie.

Voici à l'appui, le récit d'une de celles qui furent faites dans la petite ville de Ixe en Picardie et eut l'avantage de bénéficier de cette appréciable tolérance

Une bande de « bons vivants » venait de s'échouer au cercle de la localité, en compagnie de M. Simon, un notable bourgeois, brave homme, très bienveillant, mais un peu naïf et possédant en outre une légère tendance à la fatuité qui devait lui portait malheur.

Les jeunes gens, tous fils de famille du reste et parents ou amis de M. Simon ne tardèrent pas à amener la conversation sur le fait du jour. C'était un bon tour qui venait d'être joué à quelque voisin, sans qu'on sut ni comment ni par qui, et nos personnages en question moins que tous les autres et pour cause !

— Comment, eut l'imprudence de s'écrier tout à coup M. Simon en entendant ce récit, on s'est permis ?

— On en fait bien d'autres, répliqua-t-on. N'en avez-vous jamais fait l'expérience ?

— Jamais, répondit-il, les auteurs de ces méfaits savent trop bien qu'il ne faudrait pas qu'on s'y frotte !

Il n'en fallait pas plus pour éveiller dans l'esprit des auditeurs l'idée de « s'y frotter » *pour voir*. Et dès que notre bourgeois eut tourné les talons, l'impitoyable assistance se mit en devoir de lui en combiner « une bonne ».

Or Mme Simon, élevait alors, avec une sollicitude toute maternelle, une couvée de vingt-deux canards. Les volatiles intelligents lui témoignaient leur recon·naissance en engraissant à vue d'œil et Mme Simon, à l'instar de Perrette, escomptait déjà leurs produits : œufs exquis pondus par les canes, rôtis succulents dûs aux jeunes canards, fin duvet des uns et des autres.

Oh ! la fragilité des rêves !

*
* *

A quelque temps de là, les canards étaient engraissés à point, et M. Simon avait oublié sa forfanterie, lorsqu'il reçut, émanant de ses jeunes amis, une convocation à une petite partie fine qui devait avoir lieu le lendemain. « Rendez-vous à la ferme du Gros Hêtre, où l'on déjeunera », disait la carte.

M. Simon, assez jovial de sa nature et particulièrement gourmet, n'eut garde de refuser une si alléchante invitation. Il en rêva même toute la nuit précédente, ce qui la lui fit passer dans la plus complète béatitude et parfaite somnolence... à la grande satisfaction d'autrui !

A l'heure dite, il s'achemina vers son but, enchanté d'avance et se léchant par anticipation les babines.

Par quel prodige culinaire procéda-t-on ? Je l'ignore. Mais d'avis de tous sans exception, le diner fut exquis. M. Simon ne s'attacha même pas à demander la provenance suspecte à la campagne de mets dont la dégustation lui fut si douce. Avec de la perspicacité on découvrait bien à tous un goût analogue ; mais il y avait tant de variétés dans les sauces, tant de combinaisons dans les assaisonnements, que l'hôte n'attribua que plus de valeur à cette admirable harmonie.

Quand on en fut au toast final, notre invité se leva et portant bien haut la santé de ses compagnons, il les convia à son tour à revenir en groupe vers sa demeure où l'on clôturerait dignement cette agape par le petit verre de liqueur traditionnel.

Cette proposition fut acceptée avec enthousiasme et la société revint à Ixe plus joyeuse encore qu'au départ...

Mais à peine touchait-on à l'habitation de M. Simon qu'il fut accueilli par sa ménagère laissant dans un accès de désespoir tomber ces mots :

— Mon ami, tu sais nos vingt-deux canards sur le duvet desquels...

Nos bons farceurs n'en attendirent pas davantage. Ils déguerpirent lestement au grand ébahissement de M. Simon qui n'avait pas encore bien saisi.

*
* *

Le lendemain matin en ouvrant sa porte d'entrée, Mme Simon vit s'abattre à ses pieds un sac de plumes choisies auquel était joint ce menu suggestif :

Diner fraternel du Gros Hêtre

———

Potage au coulis de canards

ENTRÉES

Canards en salmis

Canards en daube

Croustade de canards

Rôts

Canards truffés
Canards farcis mis à la broche

Entremets

Galantine de volaille (canards)
Paté froid de canards

Légumes

Navets et petits pois au jus de canards exprimé, etc.

—

Grâce à ces éclaircissements complémentaires, M. Simon a tout à fait compris et il fut même dorénavant fixé sur son invulnérabilité.

———

Le couteau

L'instrument inséparable du paysan picard, celui qui est tout à la fois son outil, son arme défensive, et la plupart du temps l'unique ustensile culinaire dont il fasse usage est son couteau.

Veut-il détacher une branche dans « ch' bos » pour lui servir d'appui, sectionner une corde, déraciner une plante etc, etc. Vite le voilà sortent de sa poche sa bonne lame.

S'il était attaqué elle lui viendrait encore en aide. Pour quelques artistes rustiques et non des moins méritants, elle représente à elle seule toute la trousse du sculpteur, découpant, fouillant, polissant le bois ou l'os avec une extraordinaire souplesse.[1]. Mais c'est surtout à table que le rôle de cet objet est légendaire.

Les fourchettes et les cuillères sont, pour le campagnard, des inventions superflues de la Civilisation. Pour manger « sur le pouce » le traditionnel morceau de « salé » il lui suffit d'un couteau partageant par bouchées le lard et le croûton de pain superposés. A la rigueur, c'est une simplification compréhensible. Mais on reste déconcerté, en le voyant déguster avec dextérité un œuf ou une pomme cuite à la pointe de cet universel instrument !

Bref, l'usage veut en Picardie que le fait d'ouvrir et de fermer son couteau, constitue en matière de

---

(1) Il m'est particulièrement agréable de citer ici les curieux bibelots ainsi travaillés par Joseph Carbonnier, de Méneslies (Somme), plusieurs fois primés au Concours de la Revue Picarde.

repas villageois, un commencement et surtout une terminaison irrévocable, comme en ville l'acte de plier et de déplier sa serviette.

*
* *

Un de nos paysans se trouvait à diner en nombreuse compagnie et s'étant copieusement restauré avec le premier plat, qu'il croyait unique comme à sa table, il avait resserré son couteau.

L'apparition d'un second mets, plus appétissant que le précédent ne tarda pas à lui faire regretter une décision quelque peu intempestive. Cruel dilemme ! Refuser cet odorant ragoût était bien pénible. D'autre part, revenir ouvertement sur sa détermination en rouvrant son couteau sans motif, c'était se déjuger aux yeux de tous les convives et s'exposer à leurs sarcasmes.

Bah ! le picard n'est pas embarassé pour si peu ! S'octroyant la parole, notre homme entama le récit d'une palpitante aventure en forêt, aventure d'ailleurs tout à fait fictive, mais à laquelle il sut donner les apparences de la vérité :

— J'étoès, dit-il avec aplomb, milé par eine beinde ed' voleux qui m'attendoètent à l'mitan de ch'bos d' Gouy, ein rabzinant (revenant) de l'foère d'Add'ville (Abbeville). J'ein voè déboqué ein qui me d'mande : « la bourse ou la vie ». Mais j'ons saqué mein coutieu...

Et le bonhomme, joignant le geste à la conversation, dégaina l'objet et le replaça sur la table, à ses côtés, comme si rien n'était.

Maintenant, il pouvoit continuer le repas interrompu. Adroitement, sans que nul ne s'en doute, il avait recouvré l'usage de son couteau.

Raquez deins vo b'sace !

Bâton noueux en main, besace au dos, vêtu de son ample rouillère bleue [1], le vieux paysan picard avait été reçu dans la salle à manger nouvellement nettoyée par les soins de la domestique, une infatigable et méticuleuse flamande.

En introduisant le rustique visiteur, celle-ci n'avait pas été sans jeter un regard de dépit sur les lourdes galoches ferrées, laissant à chaque pas l'empreinte de la terre marneuse du chemin. Aussi le surveillait-elle hostilement par l'entrebaillement de la porte de sa cuisine contiguë.

— Rrrr.... pte ! proféra tout à coup le vieillard en lançant simultanément un jet de salive sur le parquet ciré, net et brillant comme un miroir.

A cette profanation, la servante indignée ne se tint plus. « Que faites-vous là ? » dit-elle au coupable, en bondissant dans l'appartement.

— Ben Mam'zelle, répondit-il le plus naturellement du monde, ej'raque !

— Mais, mon brave homme, reprit l'irascible bonne, on ne crache pas par terre en ville, ce n'est pas propre !

— D'où que j' raquerai ? alors Mam'zelle, continua sans se démonter le flegmatique paysan.

— Raquez deins vo' b'sace ! répliqua sèchement la jeune fille qui s'éclipsa aussitôt, ayant vu s'avancer la maîtresse de maison.

____

(1) Longue blouse.

Le villageois exposait pittoresquement depuis quelques instants ses doléances de fermages, quand sa propriétaire stupéfaite le vit soudain ouvrir sa besace et... rrr... pte ! y cracher à plein gosier.

— Qu'est-ce que vous faites ? mon brave homme, s'exclama-t-elle à son tour devant cet assaisonnement inusité des provisions de bouche, le lard et le bigalan[1].

— Ben madame, ej'raque, répéta encore le primitif ouvrier des champs.

— Mais mon ami, expliqua la dame avec bonté, on ne crache pas dans la besace où l'on a son manger, ce n'est pas propre.

— Vo' fille al' l'o dit, fit le bonhomme qui ne faisait pas plus de différence entre les conditions sociales qu'entre les habitations, pis qu'i n'feut point non plus raquer à terre, d'où que j'raquerai chi ch'est o ?

---

[1] Pâtisserie grossière, faite simplement de farine pétrie à l'eau avec un peu de beurre.   M. Touron.

Le grand Duquesne

Un Picard s'était arrêté à Dieppe, devant la statue de Duquesne, le grand corsaire.

— Qui qu' ch'est qu'cho ? dit-il à celui qui le pilotait dans les rues de la jolie plage normande.

— Ça, répondit son compagnon, c'est Duquesne.

— Du quesne (du chêne) fait l'autre en scrutant du regard madré des paysans la composition du monument, ça n'est mi du quesne pis qu'ch'est du fer.

— Je veux dire, corrigea l'ami, que cette statue représente Duquesne, tu sais bien, le grand Duquesne, celui qui a tué tant d'ennemis à l'abordage...

— J'te croès, reprit aussitôt notre avisé picard qui évaluait maintenant les proportions hors nature de la statue, s'il étoét d'cette taille lo i' n'a même point ieu d' mau.

Table des Matières

Table des Gravures

Imprimerie JUNIET-RASSE à Ham